中小企业会计账务实例解读

主　编　张亚君
副主编　张春林　韩革英
编著者　杨文静　李新欣　张梦裔
　　　　沈宇飞　陈丽丽　张亚明

金盾出版社

内容提要

本书以真实资料为基础，按照会计工作的业务流程和操作步骤，详细介绍了中小企业开业筹划、建账、日常业务处理、对账、结账、调账、报表编制、纳税操作等内容。

本书图文并茂，通俗易懂，操作性强，可作为中小企业会计人员培训教材、会计专业学生实训操作用书，也可作为有会计证而无实践经验的人、会计职员、企业老板及其他对会计知识感兴趣的人员学习使用。

图书在版编目(CIP)数据

中小企业会计账务实例解读/张亚君主编. －北京：金盾出版社，2012.11
ISBN 978-7-5082-7722-6

Ⅰ.①中… Ⅱ.①张… Ⅲ.①中小企业—会计方法 Ⅳ.①F276.3

中国版本图书馆 CIP 数据核字(2012)第 138225 号

金盾出版社出版、总发行

北京太平路 5 号(地铁万寿路站往南)
邮政编码：100036 电话：68214039 83219215
传真：68276683 网址：www.jdcbs.cn
封面印刷：北京精美彩色印刷有限公司
正文印刷：北京万友印刷有限公司
装订：北京万友印刷有限公司
各地新华书店经销

开本：705×1000 1/16 印张：13.25 字数：220 千字
2012 年 11 月第 1 版第 1 次印刷
印数：1～6 000 册 定价：32.00 元

前　言

随着我国改革开放的不断深入和发展，会计人员的需求量也越来越大，会计工作越发显得重要。2007 年，我国实施了新的《企业会计准则》、《企业会计制度》，为规范我国的会计行为奠定了基础，推动了会计工作国际化发展的进程。为了满足目前中小企业会计人员学习的需要，本书以中小企业为例讲述了如何进行开业登记处理，并按照会计实操中的流程，一步一步讲解了如何建账、记账，各个会计科目如何填列，如何对账、调账，财务报表如何编制及分析，同时介绍了纳税实务流程。文中内容均以形象真实的图表形式展示，使你一看就懂，一学就会，可以作为在校学生、有会计证而无实践经验的人、会计职员、企业老板及其他对会计知识感兴趣的人的学习资料。本书具有以下主要特色：

1. 图文并茂

本书主要以图片、图表的形式对理论知识总结提炼，语言精练，重点突出。

2. 理论联系实际

本书以一个企业为例，从原始凭证的审核，到记账凭证的填写，账簿、报表的编制，都是按照真实企业记账流程进行系统的介绍，同时附有模拟训练，达到了理论联系实际的目的。

3. 可操作性强

本书以直观形象的图片形式，把手工记账的程序和电算化记账方法都作了详细介绍，让学习者跟着书中的介绍体验实操过程，掌握记账方法和程序，以便适应会计工作的需要。本书将我国的最新会计准则、相关的法律法规与企业的创立、核算工作相结合编著而成。

本书由张亚君主编，张春林、韩革英任副主编。参加本书编写的有张亚明、杨文静、李新欣、张梦裔、沈宇飞、陈丽丽。其中，第一章由张春林、张亚君编写；第二章由张亚君、李新欣编写；第三章由张亚君、张梦裔、韩革英、张亚明编写；第四章由张亚君、张梦裔编写；第五章由张亚君、沈宇飞编写；第六章由杨文静编写。全书的统稿和定稿由张亚君负责。在编写过程中受到房山职业学校刘秀梅校长的高度重视。王文辉、宋春玲、李全敏、孙秋萍老师在本书的编写过程中给予了大力支持，同时还受到职教会计名师王家绅老师的点拨和行业专家的审稿，在此一并表示感谢。

由于编写水平有限，书中如有不妥之处，敬请读者批评指正。

编　者

目　录

第1章 开 业 筹 划

1.1 办理开业登记所需资料及程序

要开办一个企业，如何办理营业执照呢？我们可以按图1-1所示步骤进行操作：

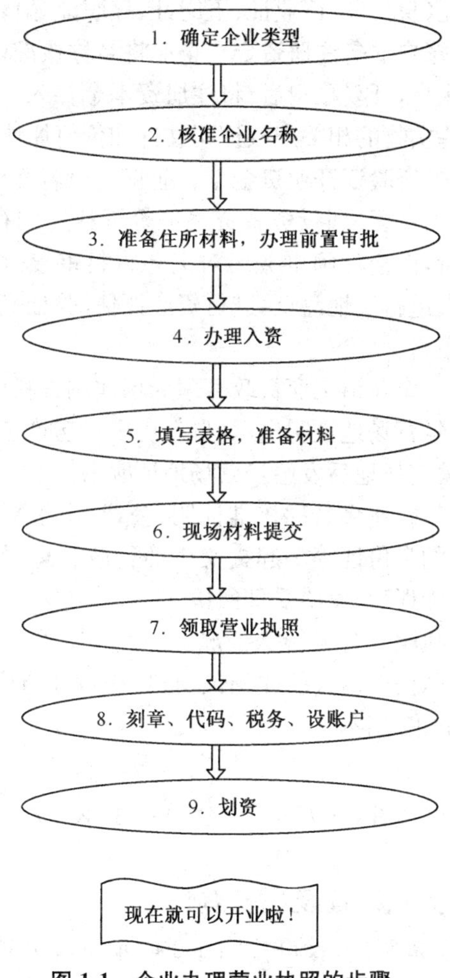

图1-1 企业办理营业执照的步骤

按照规定，中小型企业开业登记须到所在地工商行政管理局办理手续，其程序如下：

(1)核名　企业到工商行政管理局的核准窗口，将自己公司的名称与已开业的企业名称比对，核实无重名后发给名称核准证明。拿到核准证明的企业应在 30 天内办理注册，过期即失效。

(2)领取注册登记表格　企业将名称核准证明送到工商行政管理局，然后领取登记公司的表格，准备相关资料，具体资料包括：

①公司设立登记申请书(工商局备有规范样本)。

②公司章程(工商行政管理局备有规范样本，业主根据实际情况填入即可)。

③会计师事务所的验资报告。

④业主资格证(身份证、待业证、下岗证、辞职证等)。

(3)开设临时账户准备注册资金　企业将名称核准证明送到附近的银行开设临时的验资账户，开妥账户后，将注册资本金存入。如果是以实物出资，应要求其提供这些实物的相关产权证明文件和价值评估资料。

(4)会计师事务所验证开业资金　企业将公司名称核准证明、《公司设立登记申请书》、《公司章程》和投资者资格证等资料连同存入银行的资金证明交予会计师事务所，由会计师事务所对上述材料审核。实物资产出资部分，会计师事务所还会进行实地盘点，进行资产评估，验证其产权，最后由会计师事务所提交验资报告。

(5)验证场地　企业请工商行政管理局场地调查科的工作人员前往企业经营场地，将企业经营场地证明出示(自有房出示房产证，租房出示租赁合同书)，由工商人员验定场地后发给经营场地证明书。

(6)领取回执　企业将名称核准证明、公司(申报)材料、验资报告、场地证明书、投资各方的身份证等一起提交工商行政管理局，审查人员对上述材料进行审查，确认无误后，发给受理回执。

(7)领取营业执照　若无特殊情况，一般在 15 个工作日可凭受理回执，带上申请人身份证，由申请人前往领证窗口，交付注册资本 1‰的手续费，即可领到营业执照的正、副本。

1.2　办理法人代码证及税务登记所需资料及程序

1.2.1　办理法人代码证及税务登记

办好企业营业执照后，就可按图 1-2 所示步骤办理法人代码证及税务登记。

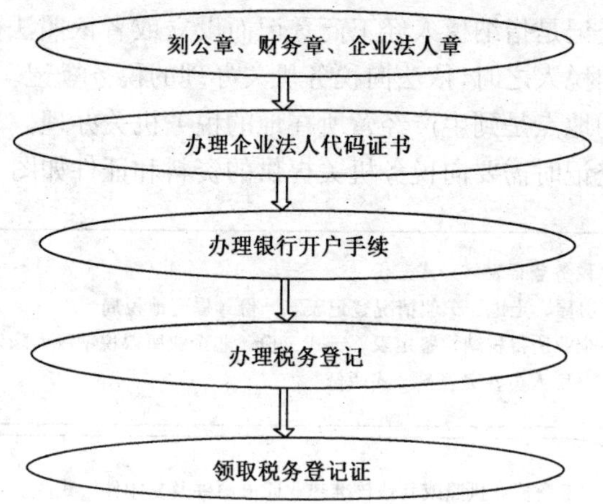

图 1-2　企业办理法人代码证及税务登记的步骤

中小型企业从工商局领到营业执照后，按下列步骤继续办理各种手续：

(1)刻章　企业需到工商行政管理局指定的地点刻公司的公章、财务章、发票章、企业法人的印章等相关印章。

(2)办理企业法人代码证书　企业法人代码证书须到市技术监督局办理。办理时，应带上营业执照副本和公章，填妥有关表格后交予办理窗口。3 天后，凭受理回单并交纳相关费用，即可领到企业法人代码证书。

(3)办理银行开户手续　领到法人代码证书后，应到附近银行办理开户手续。办理时，须携带营业执照正本、公章、财务章和法人印章即可办理。

(4)办理税务登记　办理完银行开户后，还要办理税务登记和购买发票。办理税务登记证需要的资料有营业执照副本、法人代码证书副本、公章、财务章、公司章程、银行账号证明、自有房的房产证或租赁房屋的合同。

在备齐上述所需资料后，到管辖地税务局办理税务登记。

此外，每个企业均应确定一个具备会计从业资格的财务人员负责办理报税事宜，并在税务部门备案。税务局也会给每个企业指定一个税务专管员，负责该企业的税收事宜。

(5)领取税务登记证　上述资料审查通过后，到窗口交费，即日便可领取税务登记证。

注：在领到营业执照后，应及时办理税务登记手续，因税务登记要求在领到营业执照后 30 天内办理。若过期不办，税务局要进行罚款处理，而领到营业执照后，刻公章、办法人代码证书等每个环节都需要几天时间，因此，要及时办理。

1.2.2 中小企业开业税务登记所需资料

开业税务登记是指纳税人经工商登记而设立或者依照法律、行政法规的规定成为法定纳税人之时，依法向税务机关办理的税务登记。

税务登记的地点是到生产经营所在地的税务机关办理。

开业税务登记时需要向税务机关提供的资料和证件如图 1-3 所示：

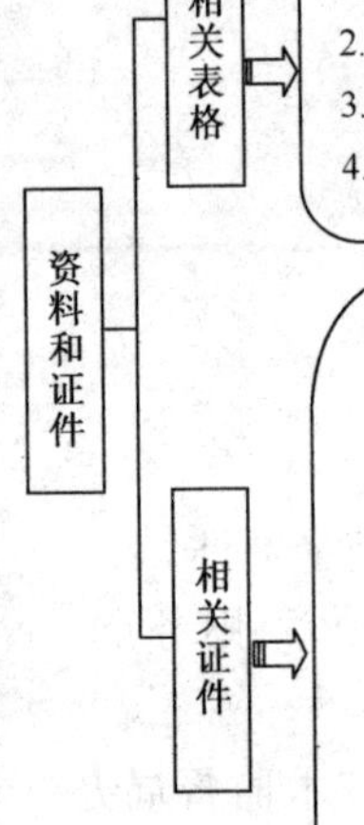

1.《税务登记表》一式三份
2.《房屋、土地、车船情况登记表》一份（提交地税局）
3.《企业所得税纳税鉴定表》一式三份（非企业所得税纳税人除外，提交国税局）
4.《办税人员备案表》一式两份

1. 工商营业执照或其他核准执业证书原件及复印件一式两份
2. 组织机构代码证原件及复印件一式两份
3. 外经委批复、批准证书原件及复印件一式两份（外资企业提供）
4. 公司章程或合作伙伴原件及复印件一式两份、董事会决议原件及复印件一式两份（法人单位提供）
5. 验资报告原件一式两份（法人单位提供）
6. 法定代表人居民身份证、护照或者其他合法证件原件及复印件一式三份
7. 财务负责人身份证、会计从业资格证书原件及复印件一式两份，办税人员身份证原件及复印件一式两份
8. 生产经营地证明材料：
①自有房产，提供自有房产的房产证、土地使用证复印件各一式两份
②承租房产，提供租凭合同、出租方房产证、土地使用证复印件各一式两份

图 1-3　开业税务登记时向税务机关提供的资料和证件

注：以上所提供资料原件用于税务机关审核，复印件税务机关留存，复印件需写明与原件一致并加盖单位公章予以确认。

税务登记网上操作的程序见附录 1 北京市税务登记网上操作。

第 2 章 建　账

2.1 会计账簿的分类

会计账簿是指由一定格式的账页组成、以经过审核的会计凭证为依据、全面、系统、连续记录各项经济业务的簿籍。登记账簿是企业财务人员在编制完会计凭证后、根据审核无误的会计凭证、进行登记的会计账务处理过程。作为会计核算单位,无论企业规模大小、会计水平高低,会计核算工作中,至少要建立“四本账”,即总分类账、明细分类账、现金日记账和银行存款日记账。

会计账簿的分类如图 2-1 所示:

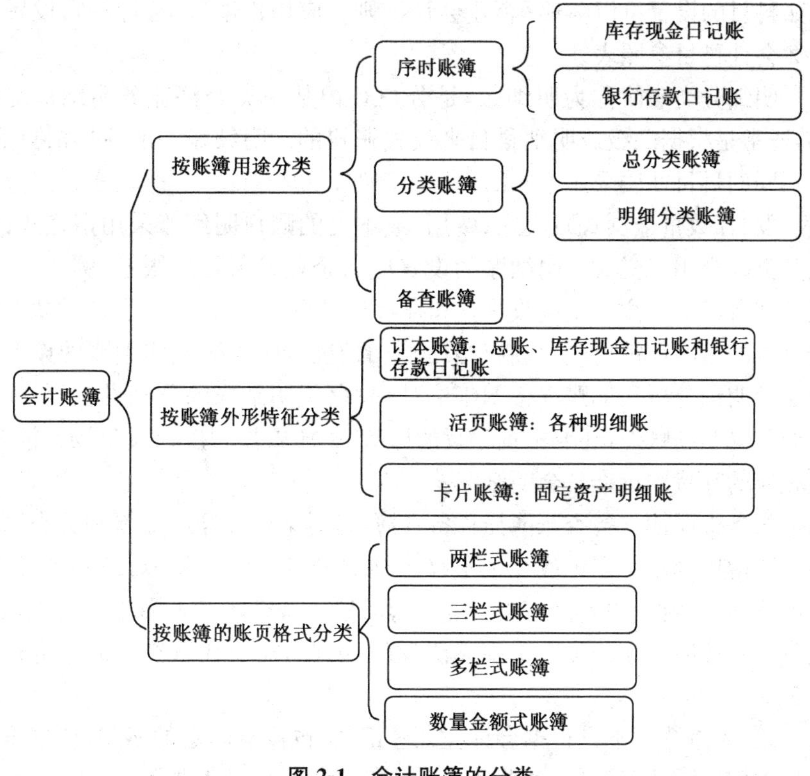

图 2-1　会计账簿的分类

(1)账簿按其用途不同分为序时账簿、分类账簿和备查账簿

①序时账簿。又称日记账,是按照经济业务发生或完成时间的先后顺序逐日逐笔进行登记的账簿。例如,现金日记账和银行存款日记账就属于序时账簿,是由出纳人员按照经济业务发生的前后顺序逐日逐笔登记的。无论何种企业,都存在货币资金核算问题,库存现金日记账和银行存款日记账是必设的,均应使用订本账。库存现金日记账要求日清月结,余额应与出纳保管的库存现金相符,禁止私设"小金库"。银行存款日记账余额应与银行对账单相符,月初要编制银行存款余额调节表。现金流是企业的核心,是管理者每天都特别关注的财务数据。企业财务人员必须每天及时更新和核对货币资金账目,使管理者决策做到有的放矢。

②分类账簿。按其反映指标的详细程度分为总分类账簿和明细分类账簿。总分类账提供的是总括的会计信息,明细分类账提供的是详细的会计信息。总分类账和明细分类账提供的核算信息是编制会计报表的主要依据,也就是说,会计报表的数据主要来自于分类账簿。

总分类账简称为总账,一般企业只设一本总分类账,外形使用订本账。总账科目的设置可以参照《企业会计准则—应用指南》。会计科目设置见附录 2 会计科目参照表。

明细分类账简称为明细账,是分户登记某一类经济业务明细情况的账簿,通常是根据二级或明细科目来设置账户的。明细账一般使用活页账,根据不同的科目性质采用不同的栏目。例如,原材料账户是采用多栏式分类账(收、发、存数量金额式);收入、费用、成本类的账户明细账采用多栏式;债权债务类账户用三栏式。明细账的设置应为企业经营管理服务,例如,一般企业管理者最为关注的是应收账款和存货类账户,因为这两类资产的状况影响着企业的生产和销售能力,制约着企业的发展,应收账款明细账的设置应注重账龄明细分析和坏账准备明细的计提;存货明细账除分别设置原材料、库存商品等明细账外,还要根据存货的库龄、积压毁损程度以及市场行情等,设置相应的存货跌价准备金明细账。

③备查账簿。备查账簿简称备查簿,是对某些在序时账簿和分类账簿等主要账簿中都不予登记或登记不够详细的经济业务事项进行补充登记时使用的账簿。例如,租入固定资产登记簿就属于备查账簿。因为经营租入的固定资产在序时账和分类账中都无法反映,因此,需要在备查账簿中进行补充登记。

注:备查账簿不是根据会计凭证登记的,也没有固定的格式,要根据各个单位的实际需要来设置,并非每个单位都必须设置备查账簿。

(2)账簿按外形特征分为订本式账簿、活页式账簿和卡片式账簿

①订本式账簿是指账簿在启用前就把一定数量的账页固定装订成册,并编制页码的账簿。订本账可以避免账页散失,防止抽换账页,确保账簿资料的完整。但在同一时间只能由一人登账,不便于记账人员的分工。按照我国会计制度的规定,总分类账、现金日记账、银行存款日记账必须采用订本式账簿。如《会计基础工作规范》第五十七条规定:"现金日记账和银行存款日记账必须采用订本式账簿。不得用银行对账单或者其他方法代替日记账。"

②活页式账簿是指年度内账页不固定装订成册,而是置于活页账夹中,根据需要随时增减账页的账簿。活页账可以随时增减账页,便于记账人员分工记账,但账页容易散失、抽换。使用时必须顺序编号,对使用完毕的账页应及时装订成册,妥善保管。明细账多采用活页账。

③卡片式账簿是指由若干具有相同格式的卡片作为账页组成的账簿。卡片通常装在卡片箱内,不用装订成册,其优点与活页账相同,可以随时增减,便于记账人员分工记账。但卡片也容易散失,使用时,必须顺序编号,由专人保管。企业的固定资产明细账多采用卡片式账簿。

(3)账簿按使用账页的格式分为三栏式账簿、数量金额式账簿、多栏式账簿和横线登记式账簿

①三栏式账簿是指由三栏式账页组成的账簿,其账页格式设有借方、贷方、余额(或收入、付出、余额)三个金额栏。其一般适用于总账、现金日记账、银行存款日记账以及只需要反映价值指标的明细账,如应收账款、应付账款等。

②多栏式账簿是指由多栏式账页组成的账簿,其账页在借方栏或贷方栏下设置多个栏目,用以反映不同的经济业务内容,一般适用于成本、费用类账户的明细账,如管理费用明细账、生产成本明细账、制造费用明细账等。比较特殊的还有应交税金——应交增值税明细账,其借方和贷方都是多栏式结构。

③数量金额式账簿是指由数量金额式账页组成的账簿,能够反映数量和金额双重指标,一般适用于具有实物形态的财产物资的明细账,如原材料明细账、库存商品明细账等。

④横线登记式账簿是指由横线登记式账页组成的账簿,其账页的特点是在账页的同一行分设若干栏,用以详细记载一项经济业务从发生到结束的所有内容,一般适用于需要进行逐笔反映经济业务的明细账,如"物资采购"、"应收票据"、"应付票据"、"其他应收款"等明细账。由于一笔经济业务的发

生和结束情况要在账页的同一行内登记，这样就可以对照反映该笔经济业务的来龙去脉。这种账簿也称为“平行登记式账簿”，这种明细账一般先有借方发生额，再有贷方发生额。一般应按照记账凭证的编号顺序逐日逐笔进行登记，贷方则不要求按照记账凭证编号逐日逐笔进行登记，而是将后续发生的业务在同一行内进行登记。同一行内借、贷方均有记录，而且金额相等时，表示该经济业务处理完毕。如只有借方的记录，而无贷方的记录，则表示该项经济业务尚未结束。

2.2 建账的基本流程

《会计基础工作规范》第五十六条规定：各单位应当按照国家统一会计制度的规定和会计业务的需要设置会计账簿。应当设置账簿的单位不设会计账簿或者未按规定的种类、形式及要求设置会计账簿是不依法设置会计账簿的行为。不在依法设置的会计账簿上对经济业务进行统一核算，而另外私自设置会计账簿进行会计核算是私设会计账簿行为，即‘账外设账行为’。

根据《中华人民共和国会计法》的规定：“不依法设置会计账簿行为和私设会计账簿行为，应当承担相应的法律责任。国家鼓励各单位设置会计账簿进行会计核算，不具备建账条件的应实行代理记账。”因此，无论是新建企业还是新的年度开始，都应当在账簿封面上写明“单位名称”、“账簿所属年度”、“账簿名称”等内容，都应当依法建账。企业建立账簿有一定的程序，但是新建企业和企业成立第二年或以后年度，即年初建账都有所不同，下面将详细介绍。

2.2.1 新成立企业建账流程

1. 建账的基本程序

刚成立的新企业领取营业执照后就要开始建账、记账，具体建账程序如下：

①根据企业的规模选择适用的《企业会计制度》。

②购买账簿。按照需用准备各种账页，并将活页的账页用账夹装订成册。在账簿的“启用表”上，写明单位名称、账簿名称、册数、编号、起止页数、启用日期以及记账人员和会计主管人员姓名，并加盖单位公章和人名单。记账人员或会计主管人员在本年度调动工作时，应注明交接日期、接办人员和监交人员姓名，并由交接双方签名或盖章，以明确经济责任。

③选择会计科目。按照会计科目表的顺序、名称，在总账账页上建立总

账账户；并根据总账账户明细核算的要求，在各个所属明细账户上建立二、三级等明细账户。原有单位在年度开始建立各级账户的同时，应将上年账户余额结转过来。

④填制账簿内容。总账目录页会计科目填写的顺序一般以企业会计制度设定的会计科目顺序为依据，并结合企业实际业务特点设定，这样有利于会计报表的编制。启用订本式账簿，应从第一页起到最后一页止顺序编定号码，不得跳页、缺号；使用活页式账簿，应按账户顺序编本账户页次号码。各账户编列号码后，应填"账户目录"，将账户名称、页次登入目录内，并粘贴索引纸（账户标签），写明账户名称，以利检索。在账簿的"启用表"上，写明单位名称、账簿名称、册数、编号、起止页数、启用日期以及记账人员和会计主管人员姓名，并加盖单位公章和人名章。记账人员或会计主管人员在本年度调动工作时，应注明交接日期、接办人员和监交人员姓名，并由交接双方签名或盖章，以明确经济责任。

注：出纳整理其手中的原始凭证，分类后做记账凭证，但只记现金或银行存款科目。这样做可以避嫌，当现金会计手中的现金或银行存款出现差错时，可以分清责任。

现金会计按原始凭证日期或收到原始凭证的顺序在原始凭证上编号，并按照编号分别登记现金日记账或银行存款日记账，然后将原始凭证转交给主管会计，由主管会计全面制作记账凭证，再按记账凭证另外登记一本现金日记账或银行存款日记账。

2. 账簿的格式

账簿由封面、扉页、账页组成。

(1)封面格式 封皮的形式如图 2-2 所示。

图 2-2 封皮的形式

(2)扉页格式 扉页或使用登记表在明细账中也称经管人员一览表，在账簿扉页上应当填列"账簿启用登记表"，其内容包括启用日期、账簿页数、记账人员和会计机构负责人、会计主管人员姓名，并加盖单位公章和人名章。记账人员或者会计机构负责人、会计主管人员调动工作时，应当注明交接日期、接办人员或者监交人员姓名，并由交接双方签名或者盖章。扉页格式如图 2-3 所示。

账簿启用表

<table>
<tr><td colspan="3">单位名称</td><td colspan="8"></td><td>单位公章</td></tr>
<tr><td colspan="3">账簿名称</td><td colspan="8">第　册</td><td rowspan="4"></td></tr>
<tr><td colspan="3">账簿编号</td><td colspan="8"></td></tr>
<tr><td colspan="3">账簿页数</td><td colspan="8"></td></tr>
<tr><td colspan="3">启用日期</td><td colspan="8"></td></tr>
<tr><td rowspan="3">经管人员</td><td colspan="2">会计主管</td><td colspan="4">稽　核</td><td colspan="4">记　账</td><td rowspan="6">印花税票
粘贴处</td></tr>
<tr><td>姓名</td><td>盖章</td><td colspan="2">姓名</td><td colspan="2">盖章</td><td colspan="2">姓名</td><td colspan="2">盖章</td></tr>
<tr><td></td><td></td><td colspan="2"></td><td colspan="2"></td><td colspan="2"></td><td colspan="2"></td></tr>
<tr><td rowspan="3">交接记录</td><td colspan="2">经营人员</td><td colspan="4">接　管</td><td colspan="4">交　出</td></tr>
<tr><td>职务</td><td>姓名</td><td>年</td><td>月</td><td>日</td><td>盖章</td><td>年</td><td>月</td><td>日</td><td>盖章</td></tr>
<tr><td></td><td></td><td></td><td></td><td></td><td></td><td></td><td></td><td></td><td></td></tr>
</table>

图 2-3　扉页格式

(3)扉页填列说明

①单位或使用者名称，即会计主体名称，与单位公章要一致。

②经管人员，盖相关人员个人名章。另外记账人员更换时，应在交接记录中填写交接人员的姓名、经管及交出时间和监交人员的职务、姓名。

③粘贴印花税票并划双横线，除实收资本、资本公积按万分之五贴花，其他账簿每本均按 5 元贴花。

(4)账户目录格式　如图 2-4 所示。

账　户　目　录

科目名称	页次	科目名称	页次	科目名称	页次

图 2-4　账户目录格式

(5)账页格式

1)总分类账格式　一般企业只设一本总分类账。多使用订本账，根据单位业务量大小可以选择购买 100 页或 200 页的。填列时，按资产、负债、所有

者权益、成本、收入、费用的顺序把所需会计科目名称写在左上角或右上角的横线上，或直接加盖科目章。总分类账格式见表 2-1。

表 2-1 总分类账格式

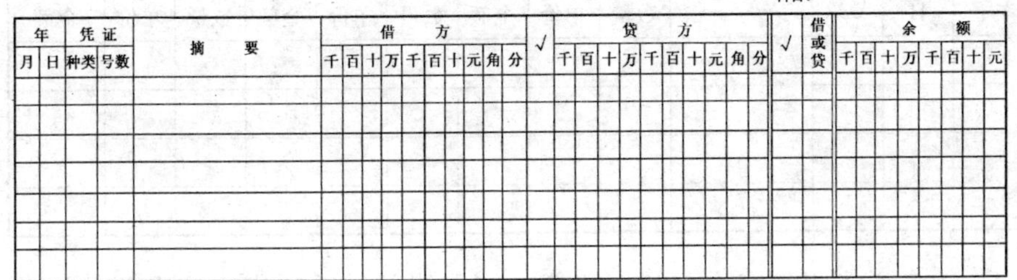

总分类账

科目：

年		凭证		摘要	借方										√	贷方										√	借或贷	余额							
月	日	种类	号数		千	百	十	万	千	百	十	元	角	分		千	百	十	万	千	百	十	元	角	分			千	百	十	万	千	百	十	元

2）明细分类账格式　明细账的编制按资产、负债、所有者权益、成本、收入、费用的顺序，把所需会计科目名称写在左（右）上角或中间的横线上，或直接加盖科目章，包括根据企业具体情况分别设置的明细科目名称。另外对于成本、收入、费用类明细账还需以多栏式分项目列示，如“管理费用”借方要分成办公费、交通费、电话费、水电费、工资等项列示，具体的是按企业管理需要，即费用的分析项目列示，每个企业可以不相同。明细账一般采用活页式账簿。常用的明细账页有三种形式：三栏式、数量金额式和多栏式明细账页。

①三栏式明细账。三栏式账簿是设有借方、贷方和余额三个基本栏目的账簿，适用于没有数量、单价和金额的账户登记。各种日记账、总账以及资本、债权、债务明细账都可采用三栏式账簿登记。三栏式明细账格式见表 2-2。

表 2-2 三栏式明细账格式

应付账款　明细账

明细科目：

年		凭证		摘要	借方										贷方										借或贷	余额										√
月	日	种类	号数		千	百	十	万	千	百	十	元	角	分	千	百	十	万	千	百	十	元	角	分		千	百	十	万	千	百	十	元	角	分	

②数量金额式明细账。数量金额式账簿的借方、贷方和余额三个栏目内，都分设数量、单价和金额三小栏，借以反映财产物资的实物数量和价值量。原材料、库存商品、产成品等明细账一般都采用数量金额式账簿。数量金额式明细账格式见表 2-3。

表 2-3　数量金额式明细账格式

库存商品明细账

产品名称：　　规格型号：　　存放地点：　　计量单位：　　第　页

年		凭证号数	摘要	收入			发出			结存		
月	日			数量	单价	金额	数量	单价	金额	数量	单价	金额

③多栏式明细账。多栏式账簿是在账簿的借方和贷方按需要分设若干专栏。收入、费用明细账一般均采用这种格式。多栏式明细账适用于只需要进行金额核算而不需要数量核算，并且在管理上要求反映项目构成情况的成本费用、收入、利润等科目，如“制造费用”、“管理费用”、“财务费用”、“生产成本”、“主营业务收入”、“本年利润”等账户。多栏式明细账只表示借方金额，有贷方金额的用红字填写。多栏式明细账格式见表 2-4。

表 2-4　多栏式明细账格式

产品成本明细账　　完工产品：　　件

产品名称：　　年　月　　月末在产品数量：

项　目	凭证	原材料	工资及福利费	制造费用	成本合计
月初在产品成本					
本月发生					
本月发生					
本月发生					
本月费用合计					
生产费用累计					
完工产品成本					
单位产品成本					
月末在产品成本					

会计主管：　　复核：　　制单：

3)日记账格式　日记账主要有现金日记账和银行存款日记账，都必须采用订本式账簿，账页的格式大多采用三栏式账页。企业一般只设一本现金日记账。但如有外币，则应就不同的币种分设现金日记账。企业一般应根据每

个银行账号单独设立一本银行存款日记账。如果只有一个基本账户，则就只设一本银行存款日记账。购买这两本账簿时，可根据单位业务量选择 100 页或 200 页的。现金日记账和银行存款日记账是由出纳人员按照业务发生的先后顺序逐日逐笔进行登记的。日记账格式见表 2-5。

表 2-5　日记账格式

银行存款日记账

年		凭证		摘要	借方										√	贷方										√	借或贷	余额										√
月	日	种类	号数		千	百	十	万	千	百	十	元	角	分		千	百	十	万	千	百	十	元	角	分			千	百	十	万	千	百	十	元	角	分	

2.2.2　企业成立第二年或以后年度建账

(1)不需重新建账的　有些明细账可以继续使用，如财产物资明细账和债权、债务明细账等。由于材料等财产物资的品种、规格繁多，债权债务单位也较多，如果更换新账，重抄一遍的工作量相当大，因此，可以跨年度使用，不必每年更换一次。固定资产卡片等卡片式账簿及各种备查账簿，也都可以跨年度连续使用。

(2)需要重新建账的　建立账簿是企业单位进行会计核算的起点。由于各单位的会计核算建立在持续经营与会计分期等会计假设基础之上，因此，每个会计期初，应将上期末各账户的期末余额转入本期各账簿中，作为期初余额，同时对期末无余额的账户或未开设的账户(如损益类账户、对企业新的债权人、债务人，按照企业实际需要建立账簿)。总账、日记账和多数明细账应每年更换一次，即新的年度开始时都需要重新建账。

重新建账的具体做法

第一步：根据所需购买总账、现金日记账、银行存款日记账，设置明细账

第二步：填制账簿内容与企业刚成立的建账方法相同，不同之处是要将上年各账户的余额抄入所开新账簿对应账户第一页的首行，也就是直接“过账”

2.3 建账时需要注意的问题

2.3.1 口取纸的粘贴

为了查找、登记方便，在设置总账和明细账账页时，将每一账户的第一张账页外侧错开粘贴口取纸并在口取纸上写出会计科目名称，一般只写一级科目。另外，也可将资产、负债、所有者权益、收入、费用用红、蓝不同颜色的口取纸区分开。需要注意的是明细账不要在每页活页账的账页上都粘贴口取纸，根据明细科目决定。

2.3.2 现金日记账和银行存款日记账的填写注意事项

现金日记账和银行存款日记账的填写注意事项如图 2-5 所示。

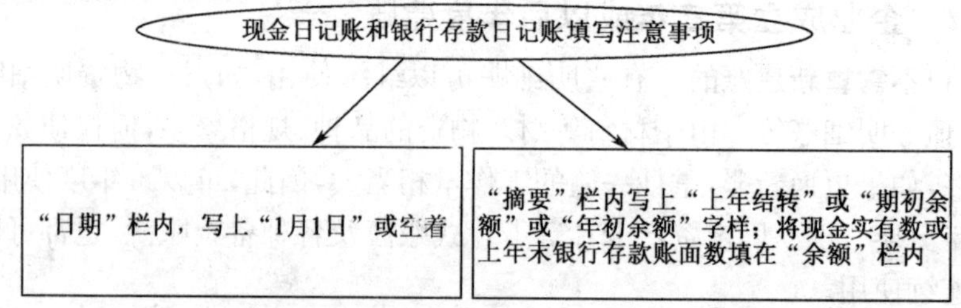

图 2-5　现金日记账和银行存款日记账的填写注意事项

2.3.3 会计账簿登记的基本要求

《会计基础工作规范》第六十条对在登记会计账簿时所应遵循的基本要求作了具体的规定。

(1)以审核无误的会计凭证作为记账依据　登记会计账簿时，应当将会计凭证日期、编号、业务内容摘要、金额和其他有关资料逐项计入账内，做到数字准确、摘要清楚、登记及时、字迹工整。每一业务都要记总账及其所属的明细账。账簿记录中的日期应该填写记账凭证上的日期；以自制的原始凭证(如收料单、领料单等)作为记账依据的，账簿记录中的日期应按有关自制凭证上的日期填列。

(2)注明过账符号、签名盖章明确责任　每笔业务登记完毕后，要在记账凭证上签名或者盖章，并注明已经登账的符号，表示已经过账。在记账凭证上设有专门的栏目供注明记账的符号"√"，以免发生重记或漏记。

(3)书写要符合规范　账簿登记中，书写的文字和数字上面要留有适当空格，不要写满格，一般应占格距的二分之一。一旦发生登记错误时，可在剩下的半格中书写正确的文字或数字，同时也方便查账。最好使用会计专用笔进行书写，笔针比较细，书写比较方便。

(4)书写要求明确　登记账簿要用蓝黑墨水或者碳素墨水书写，不得使用圆珠笔(银行的复写账簿除外)或者铅笔书写。以下情况可以用红色墨水记账：

①以红字冲账，冲销错误记录。

②在不设借贷栏的多栏式账页中，登记减少数。

③在三栏式账户的余额栏前，如未注明余额方向的，在余额栏内登记负数余额。

④根据国家统一的会计制度的规定可以用红字登记的其他会计记录。

(5)账簿按页次顺序连续登记　各种账簿按页次顺序连续登记，不得跳行、隔页。如果发生跳行、隔页，应当将空行、空页画线注销，或者注明"此行空白"、"此页空白"字样，并由记账人员签名或者盖章。

(6)结余额时的要求　凡需要结出余额的账户，结出余额后，应当在"借"，或"贷"等栏内写明"借"或者"贷"等字样。没有余额的账户，应当在"借"或"贷"等栏内写"平"字，并在余额栏内用"0"表示。现金日记账和银行存款日记账必须逐日结出余额。一般说来，对于没有余额的账户，在余额栏内标注的"0"应当放在"元"位。

(7)结转过次页的要求　每一账页登记完毕结转下页时，应当结出本页合计数及余额，写在本页最后一行和下页第一行有关栏内，并在摘要栏内注明"过次页"和"承前页"字样；也可以将本页合计数及金额只写在下页第一行有关栏内，并在摘要栏内注明"承前页"字样。

(8)电算化记账要求　实行会计电算化的单位，总账和明细账应当定期打印；发生收款和付款业务的，在输入收款凭证和付款凭证的当天必须打印出现金日记账和银行存款日记账，并与库存现金核对，确保无误。

2.2.4　错账更正方法

账簿记录发生错误时，必须要用正确的方法进行更正。错账更正方法主要有画线更正法、红字更正法以及补充登记法。应掌握这三种方法分别在什么情况下使用，如何进行错账更正。

(1)画线更正法　在结账前，如果发现账簿记录有错误，而记账凭证并无错误，只是过账时笔误或疏忽而造成的账簿记录中出现文字或数字的错误，应采用画线更正法予以更正。具体做法是先在错误的文字或数字上划一条红色横线，表示注销，然后在被注销的文字或数字的上方，用蓝字或黑字写上正确的文字或数字，并由记账人员在更正处盖章，以明确责任。错误的数字应该全部划掉，而不是只划写错的个别数码。

例如：记账时错把562写成了526，正确的画线方法是如图2-6所示。

562
~~526~~

图2-6　正确的画线方法

(2)补充登记法　记账后，如果发现原记账凭证中应借、应贷的会计科目正确，但所记金额小于应记金额，就是少记了，引起账簿记录的错误，可采用补充登记法予以更正。具体做法是将少记的金额填制一张与原记账凭证中应借、应贷的会计科目完全相同的记账凭证，并据以登记入账，予以补充。

【例2-1】　某企业用库存现金500元购买办公用品，会计人员在填制记账凭证时发生错误，并根据错误的记账凭证登记了账簿。错误的会计分录为：

借：管理费用——办公费　　50

　　贷：库存现金　　50

错误的记账凭证见表2-6。

表2-6　错误的记账凭证

记 账 凭 证

2010年01月25日　　记字第 2 号

摘　要	总账科目	明细科目	借方金额	贷方金额
购办公用品	管理费用	办公费	50.00	
	库存现金			50.00
合　计			¥50.00	¥50.00

附单据2张

财务主管：张庆　　记账：王露　　出纳：张平　　审核：张庆　　制单：王露

上述例题中记账后发现原记账凭证中应借、应贷的会计科目正确，但所记金额小于应记金额，少记了450元，引起账簿记录的错误，可采用补充登记法将少记的450元予以补充更正。

使用补充登记法编制的补充会计分录如下：

借：管理费用——办公费　　450

　　贷：库存现金　　450

使用补充登记法编制的正确记账凭证见表 2-7。

表 2-7　使用补充登记法编制的正确记账凭证

记 账 凭 证

2010 年 01 月 25 日　　　　记字第 3 号

摘　要	总账科目	明细科目		借方金额		贷方金额
购买办公用品少汇金额补汇	管理费用	办公费		450.00		
	库存现金					450.00
合　计				¥450.00		¥450.00

附单据 1 张

财务主管：张庆　记账：王露　出纳：张平　审核：张庆　制单：王露

(3)红字更正法　又叫红字冲销法。这种方法适用范围有两种情况，如图 2-7 所示。

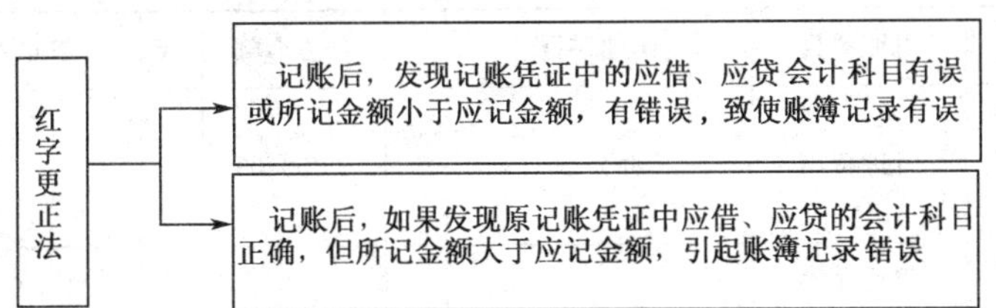

图 2-7　红字冲销法的适用范围

①记账后，发现记账凭证中的应借、应贷会计科目或金额有错误，致使账簿记录错误。更正的具体方法如下：

第一步：先用红字填制一张与原错误记账凭证内容完全相同的记账凭证，并据以用红字登计入账，以冲销原有的错误记录。

第二步：用蓝字填制一张正确的记账凭证，并据以登计入账。

【例 2-2】　某企业以库存现金 1 000 元购买办公用品，会计人员在填制记账凭证时发生错误，并根据错误的记账凭证登记了账簿。错误的会计分录为：

借：管理费用　　　　1 000

　贷：银行存款　　　　1 000

错误的记账凭证见表 2-8。

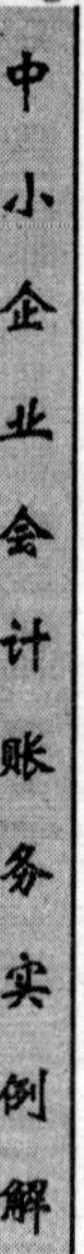

表 2-8　错误的记账凭证

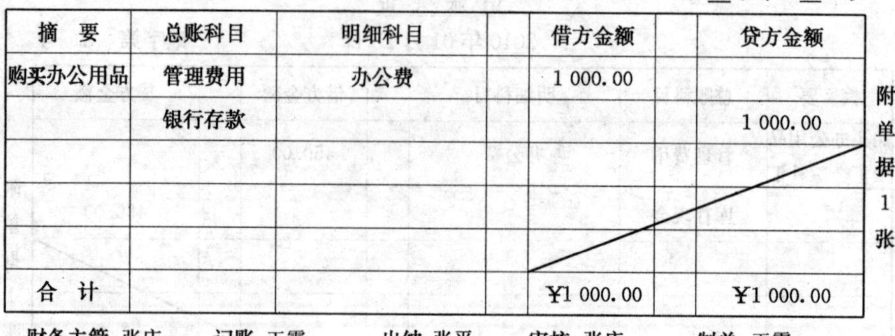

记 账 凭 证

2010 年 01 月 25 日　　　　记字第 4 号

摘　要	总账科目	明细科目	借方金额	贷方金额
购买办公用品	管理费用	办公费	1 000.00	
	银行存款			1 000.00
合　计			¥1 000.00	¥1 000.00

附单据 1 张

财务主管：张庆　记账：王露　出纳：张平　审核：张庆　制单：王露

以上属于会计科目错误，应该是“库存现金”，错记为“银行存款”

使用红字更正法冲销错误记账凭证见表 2-9。

表 2-9　使用红字更正法冲销错误记账凭证

记 账 凭 证

2010 年 01 月 25 日　　　　记字第 5 号

摘　要	总账科目	明细科目	借方金额	贷方金额
冲销第 4 号购买办公用品凭证	管理费用	办公费	1 000.00	
	银行存款			1 000.00
合　计			¥1 000.00	¥1 000.00

附单据 1 张

财务主管：张庆　记账：王露　出纳：张平　审核：张庆　制单：王露

用蓝字(或黑字)编制正确的记账凭证见表 2-10。

②记账后，如果发现原记账凭证中应借、应贷的会计科目正确，但所记金额大于应记金额，引起账簿记录的错误，可用红字更正法予以更正。更正的具体方法如下：

【例 2-3】 某企业以库存现金 800 元购买办公用品，如果会计人员填制记账凭证时所使用的会计科目及记账方向没有错误，只是将金额 800 元误记为900元，多记了100元，并登计入账。错误的会计分录为：

表2-10 用蓝字(或黑字)编制正确的记账凭证

记 账 凭 证

2010年01月25日 记字第 6 号

摘 要	总账科目	明细科目		借方金额		贷方金额
购买办公用品	管理费用	办公费		1 000.00		
	库存现金					1 000.00
合 计				¥1 000.00		¥1 000.00

附单据1张

财务主管：张庆 记账：王露 出纳：张平 审核：张庆 制单：王露

借：管理费用 900

贷：库存现金 900

错误的记账凭证见表2-11。

表2-11 错误的记账凭证

记 账 凭 证

2010年01月25日 记字第 7 号

摘 要	总账科目	明细科目		借方金额		贷方金额
购买办公用品	管理费用	办公费		900.00		
	库存现金					900.00
合 计				¥900.00		¥900.00

附单据1张

财务主管：张庆 记账：王露 出纳：张平 审核：张庆 制单：王露

以上属于金额错误，金额应该是800元，误写为900元

更正的具体方法如下：

第一步：将多记的金额用红字填制一张与原记账凭证中应借、应贷的会

计科目完全相同的记账凭证，并据以登计入账，以冲销多记的金额。

冲销多记金额的记账凭证见表 2-12。

表 2-12　冲销多记金额的记账凭证

记 账 凭 证

2010 年 01 月 25 日　　　　记字第 8 号

摘　要	总账科目	明细科目		借方金额		贷方金额
冲销多记购买办公用品金额	管理费用	办公费		100.00		
	库存现金					100.00
合　计				¥100.00		¥100.00

附单据 1 张

财务主管：张庆　　记账：王露　　出纳：张平　　审核：张庆　　制单：王露

用红字更正法编制一张冲销多记金额的记账凭证如下：

借：管理费用　　　　100

　　贷：库存现金　　　　100

第二步：根据这张更正正确记账凭证登记账簿。

2.4 使用财务管理软件建账

下面以新鑫机械公司为例，介绍用财务软件用友 T3－用友通标准版的建账方法。

1. 操作流程图

企业建账流程如图 2-8 所示。

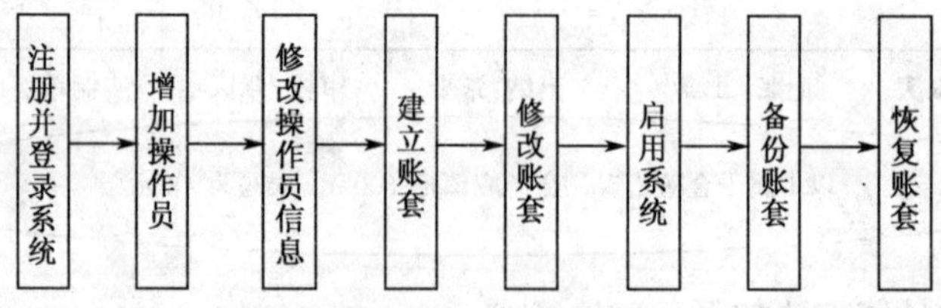

图 2-8　企业建账流程图

2. 企业资料

(1)操作员信息 见表 2-13。

表 2-13 操作员信息

操作员编号	姓名	操作员口令	所属部门
KJ01	张庆	000	财务部
KJ02	王莉	000	财务部
KJ03	周健	000	财务部
CN	张平	000	财务部

(2)账套信息

账套号:001

单位名称:新鑫机械公司

启用会计期:2010 年 1 月

单位简称:新鑫机械公司

单位地址:×××市房山区兴房大街 60 号

法人代表:杨毅

邮政编码:102400

联系电话:59842137

电子邮件:XX123675@sina. com

税号:100011010266888

企业类型:工业

行业性质:2006 年新会计准则(2006 年制订的新会计准则)

账套主管:张庆

基础信息:对客户、供应商进行分类

分类编码方案:

科目编码级次:4222

客户分类编码级次:123

部门编码级次:122

系统启用:启用"工资管理"系统

2.4.1 注册并登录系统

以系统管理员 admin 身份注册并登录"系统管理"。具体操作步骤如下:

第一步:双击桌面上的系统管理图标或单击【开始】→【程序】→【用友 T3 系统管理软件】→【用友 T3】→【系统管理】→"用友 T3【系统管理】"窗口,如图 2-9 所示。

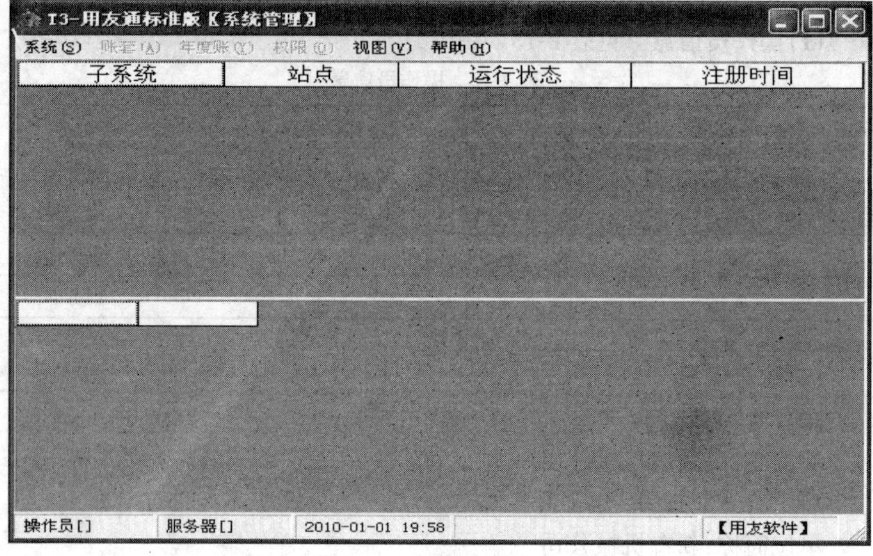

图 2-9 “系统管理”窗口

第二步：单击【系统】→【注册】→“注册【控制台】”窗口，如图 2-10、图 2-11 所示。

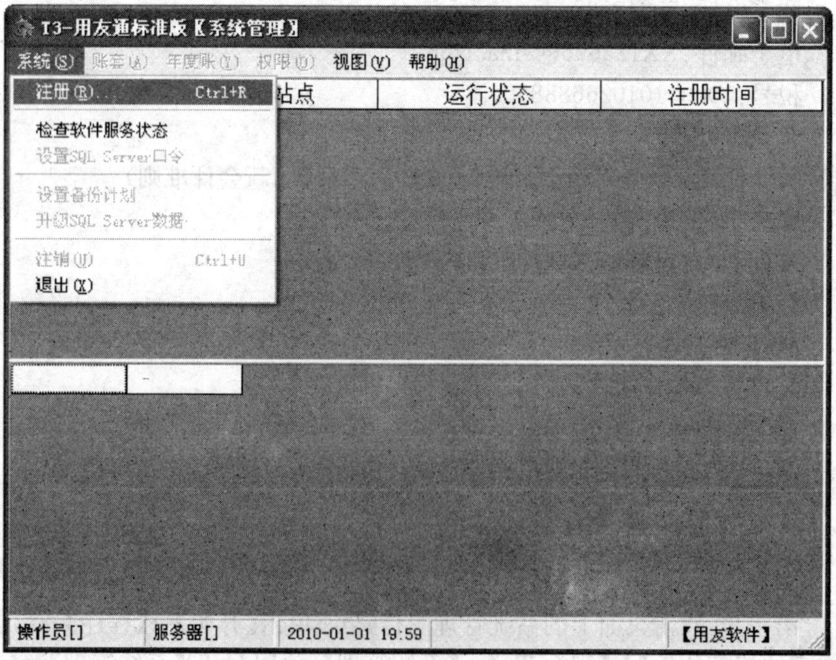

图 2-10 “系统管理”窗口

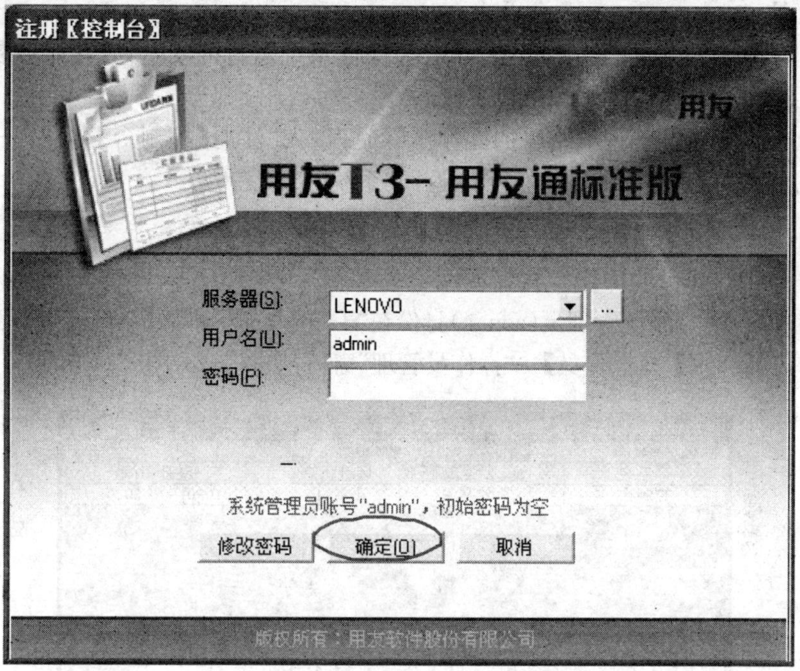

图 2-11 “控制台”窗口

第三步：单击【确定】(默认密码为空)→“T3 用友通标准版【系统管理】”窗口，如图 2-12 所示。

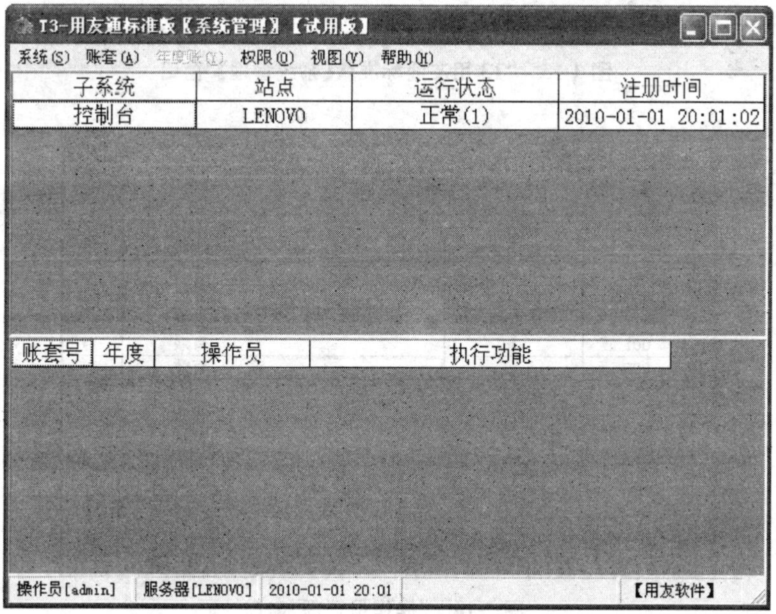

图 2-12 “T3 用友通标准版【系统管理】”窗口

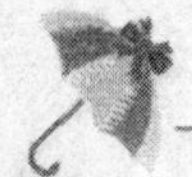

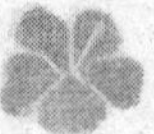

注:

·系统管理员的初始密码为空,为保证系统运行的安全性,在企业实际应用中应及时为系统管理员设置密码。

·设置系统管理员密码的操作步骤是:进入“注册【控制台】”窗口→“修改密码”→输入新密码→“确定”→返回“系统管理”。

2.4.2 增加操作员

增加操作员的操作步骤如下:

第一步:以系统管理员(admin)身份在“T3 用友通标准版【系统管理】”窗口中,单击【权限】→【操作员】→“操作员管理”窗口,如图 2-13、图 2-14 所示。

T3-用友通标准版【系统管理】【试用版】
系统(S) 账套(A) 年度账(Y) 权限(O) 视图(V) 帮助(H)
子系统
控制台
操作员(U)...
权限(T)...
运行状态
正常(1)
注册时间
2010-01-01 20:01:02
账套号 年度 操作员 执行功能
操作员[admin] 服务器[LENOVO] 2010-01-01 20:05 【用友软件】

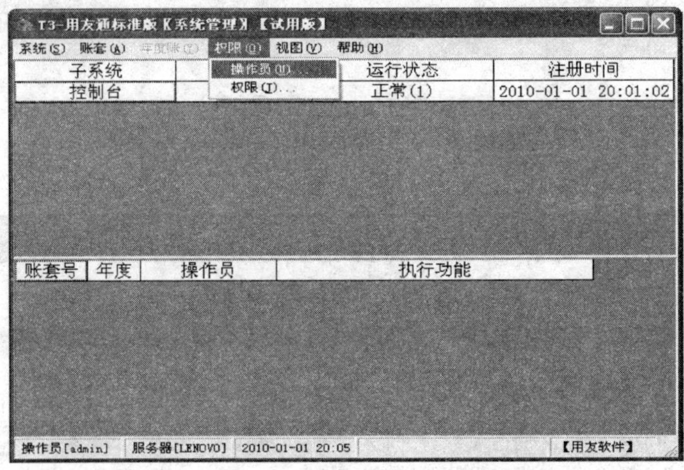

图 2-13 “T3 用友通标准版【系统管理】”窗口

操作员管理
增加 删除 修改 刷新 帮助 退出
操作员ID 操作员全名 部门 状态
demo demo 演示部门 有效
SYSTEM SYSTEM 有效
UFSOFT UFSOFT 有效
001 1 有效
002 2 有效

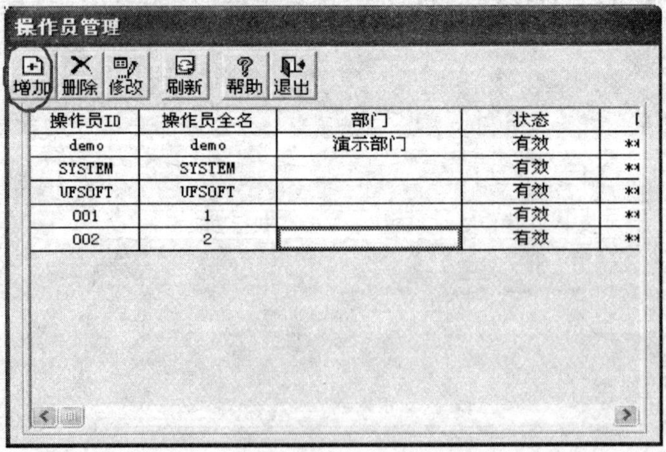

图 2-14 “操作员管理”窗口

第二步：单击【增加】→"增加操作员"窗口，依次增加操作员，密码可自行设定，比如设为"000"，如图 2-15 所示。

增加操作员

编号：KJ01
姓名：张庆
口令：*** 确认口令：***
所属部门：财务部
UU通号：
帮助(H) 增加 退出

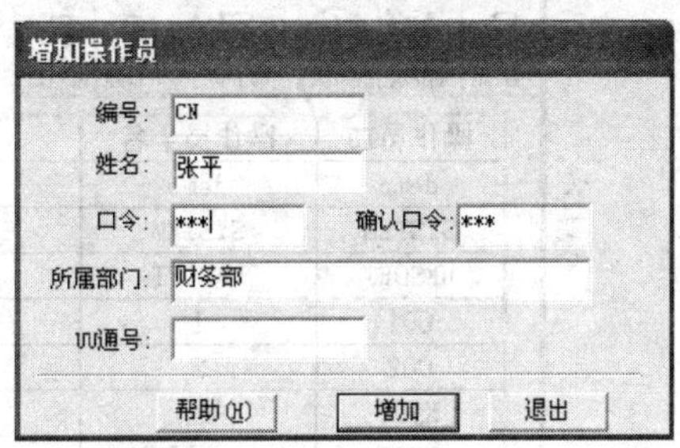

增加操作员

编号：KJ02
姓名：王莉
口令：*** 确认口令：***
所属部门：财务部
UU通号：
帮助(H) 增加 退出

增加操作员

编号：KJ03
姓名：周健
口令：*** 确认口令：***
所属部门：财务部
UU通号：
帮助(H) 增加 退出

增加操作员

编号：CN
姓名：张平
口令：*** 确认口令：***
所属部门：财务部
UU通号：
帮助(H) 增加 退出

图 2-15 "增加操作员"窗口

第三步：单击【退出】按钮，系统显示操作员名单，如图 2-16 所示。

操作员管理

增加 删除 修改 刷新 帮助 退出

操作员ID	操作员全名	部门	状态	[
demo	demo	演示部门	有效	**
SYSTEM	SYSTEM		有效	**
UFSOFT	UFSOFT		有效	**
001	1		有效	**
002	2		有效	**
KJ01	张庆	财务部	有效	**
KJ02	王莉	财务部	有效	**
KJ03	周健	财务部	有效	**
CN	张平	财务部	有效	**

图 2-16 "操作员管理"窗口

注：

· 操作员编号在系统中必须唯一。

- 只有系统管理员(admin)才有权设置操作员。
- 在实际工作中,可以根据需要随时增加操作员。

2.4.3 修改操作员信息

修改操作员信息的操作步骤如下:

第一步:以系统管理员(admin)身份在"T3 用友通标准版【系统管理】"窗口中登录,单击【权限】→【操作员】→"操作员管理"窗口→"周健"所在行→【修改】→"修改操作员信息"窗口→将姓名"周健"修改为"王露",如图 2-17、图 2-18 所示。

操作员管理

增加 删除 修改 刷新 帮助 退出

操作员ID	操作员全名	部门	状态	[
demo	demo	演示部门	有效	**
SYSTEM	SYSTEM		有效	**
UFSOFT	UFSOFT		有效	**
001	1		有效	**
002	2		有效	**
KJ01	张庆	财务部	有效	**
KJ02	王莉	财务部	有效	**
KJ03	周健	财务部	有效	**
CN	张平	财务部	有效	**

图 2-17 "操作员管理"窗口

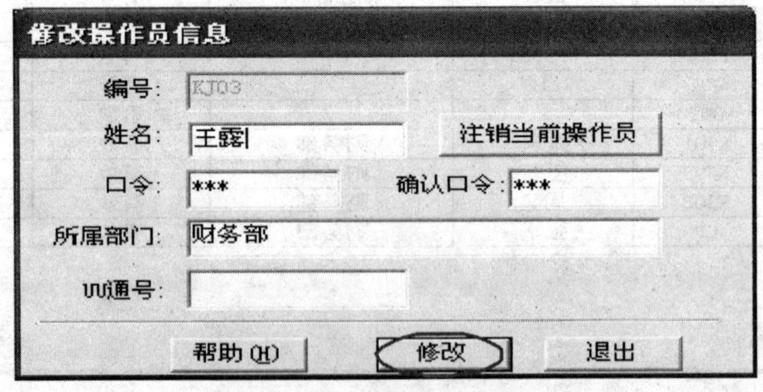

图 2-18 "修改操作员信息"窗口

第二步:单击【修改】按钮,系统自动保存并显示修改后的操作员信息。如图 2-19 所示。

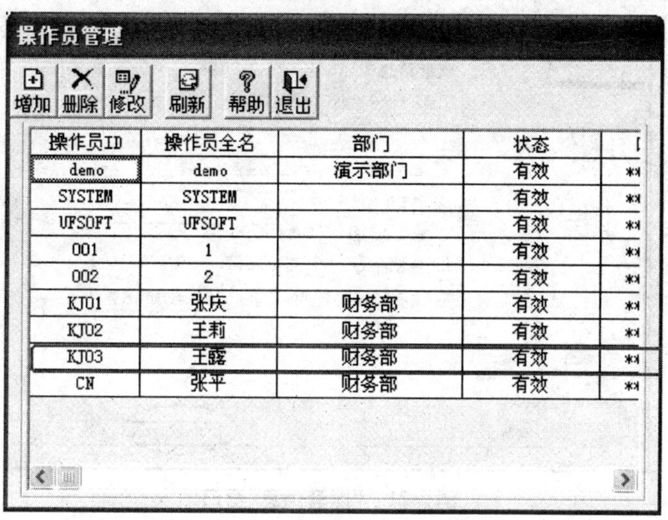

操作员管理

增加 删除 修改 刷新 帮助 退出

操作员ID	操作员全名	部门	状态	[
demo	demo	演示部门	有效	**
SYSTEM	SYSTEM		有效	**
UFSOFT	UFSOFT		有效	**
001	1		有效	**
002	2		有效	**
KJ01	张庆	财务部	有效	**
KJ02	王莉	财务部	有效	**
KJ03	王露	财务部	有效	**
CN	张平	财务部	有效	**

图 2-19 “操作员管理”窗口

注：

· 只有系统管理员(admin)才有权修改操作员信息。

· 未使用过操作员的信息只有编号不能修改。

2.4.4 建立账套

建立账套的操作步骤如下：

第一步：在“T3 用友通标准版【系统管理】”窗口中，选择【账套】→【建立】，然后输入账套信息，如图 2-20、图 2-21 所示。

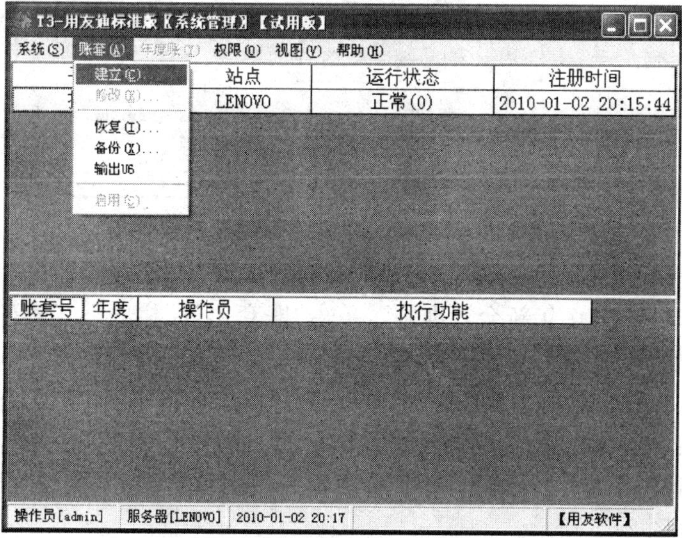

图 2-20 “系统管理”窗口

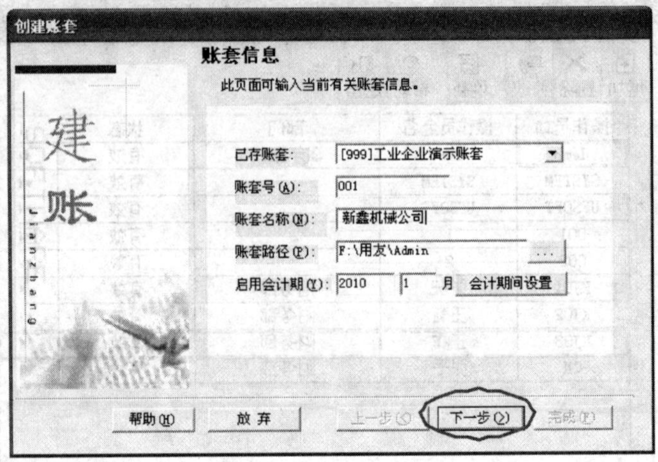

图 2-21 “账套信息”窗口

第二步：单击【下一步】，在“单位信息”窗口输入企业资料，如图 2-22 所示。

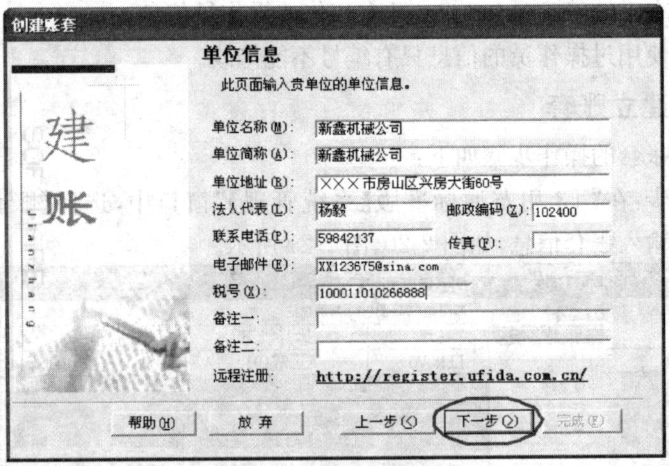

图 2-22 “单位信息”窗口

第三步：单击【下一步】，进入“核算类型”窗口，单击“行业性质”栏的下三角按钮，选择“2007 年新会计准则”，单击“账套主管”栏的下三角按钮，选择“张庆”，如图 2-23 所示。

第四步：单击【下一步】，进入“基础信息”窗口单击“客户是否分类”和“供应商是否分类”前的复选框，如图 2-24 所示。

第五步：单击【下一步】，进入“业务流程”窗口，选择“采购流程”和“销售流程”，如图 2-25 所示。

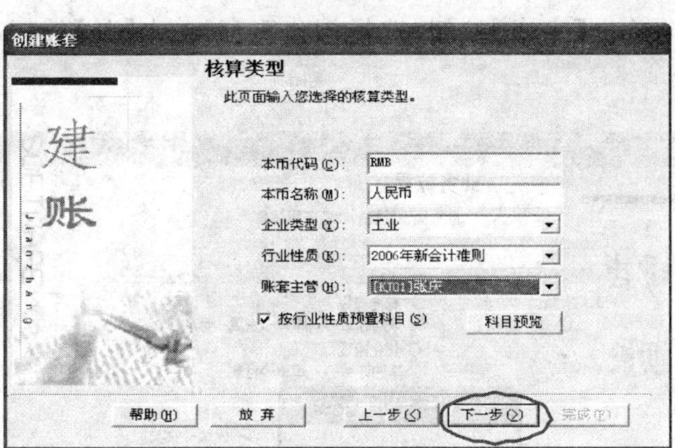

图 2-23　“核算类型”窗口

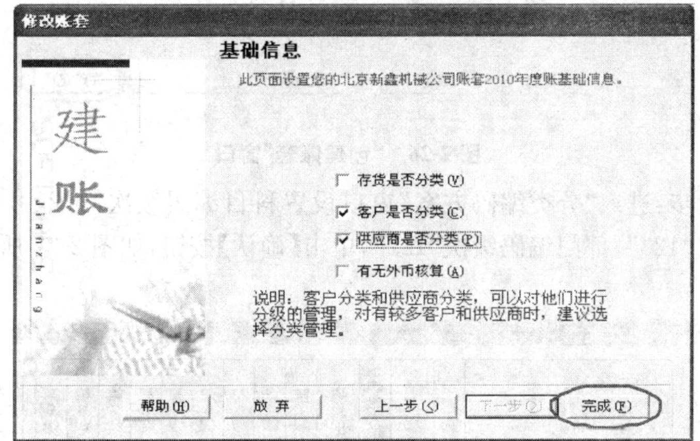

图 2-24　“基础信息”窗口

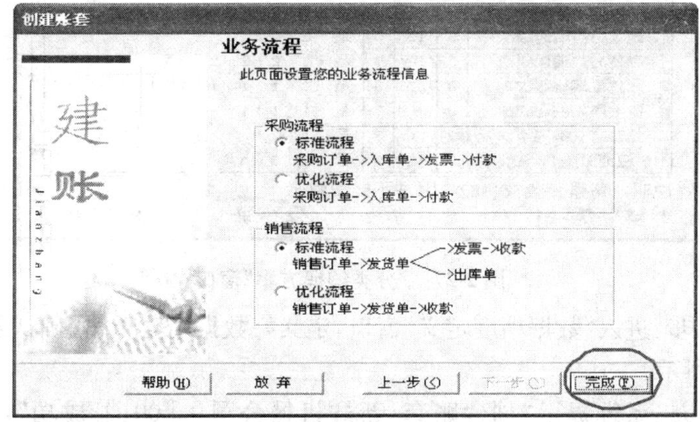

图 2-25　“创建账套”窗口

第六步：单击【完成】按钮，选择创建账套，单击【是】按钮，如图 2-26 所示。

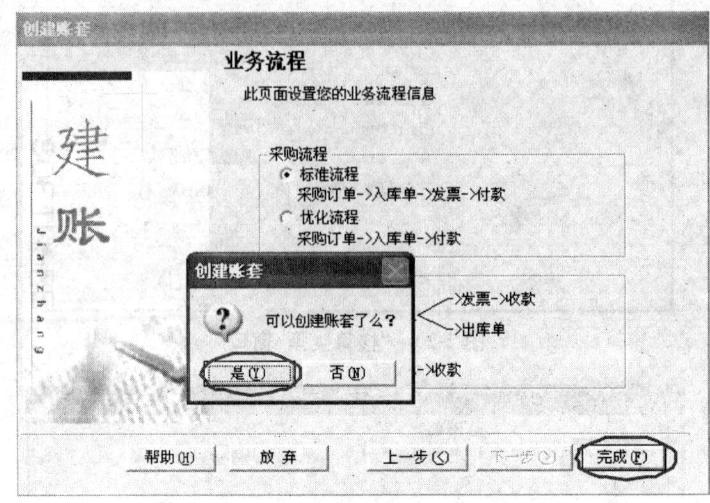

图 2-26 “创建账套”窗口

第七步：进入“分类编码方案”窗口设置科目编码级次“4222”，客户分类编码级次“123”，部门编码级次“122”，单击【确认】按钮，如图 2-27 所示。

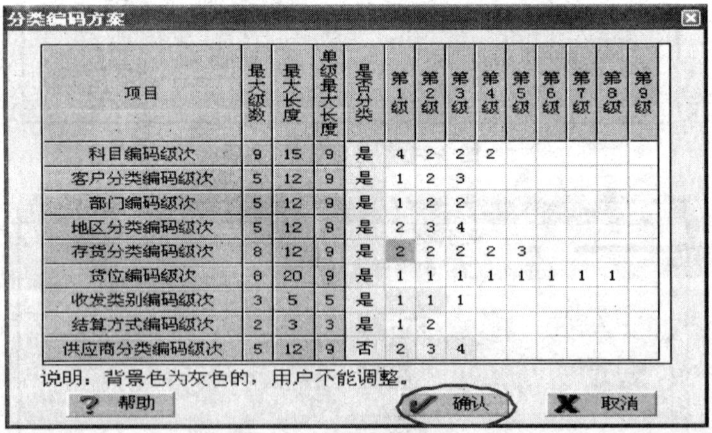

分类编码方案

项目	最大级数	最大长度	单级最大长度	是否分类	第1级	第2级	第3级	第4级	第5级	第6级	第7级	第8级	第9级
科目编码级次	9	15	9	是	4	2	2	2					
客户分类编码级次	5	12	9	是	1	2	3						
部门编码级次	5	12	9	是	1	2	2						
地区分类编码级次	5	12	9	是	2	3	4						
存货分类编码级次	8	12	9	是	2	2	2	2	3				
货位编码级次	8	20	9	是	1	1	1	1	1	1	1	1	
收发类别编码级次	3	5	5	是	1	1	1						
结算方式编码级次	2	3	3	是	1	2							
供应商分类编码级次	5	12	9	否	2	3	4						

说明：背景色为灰色的，用户不能调整。

帮助　确认　取消

图 2-27 “分类编码方案”窗口

第八步：进入“数据精度定义”窗口，定义好数据精度单击【确认】按钮，如图 2-28 所示。

第九步：系统提示“创建账套{新鑫机械公司：[001]}成功”，单击【确定】，如图 2-29 所示。

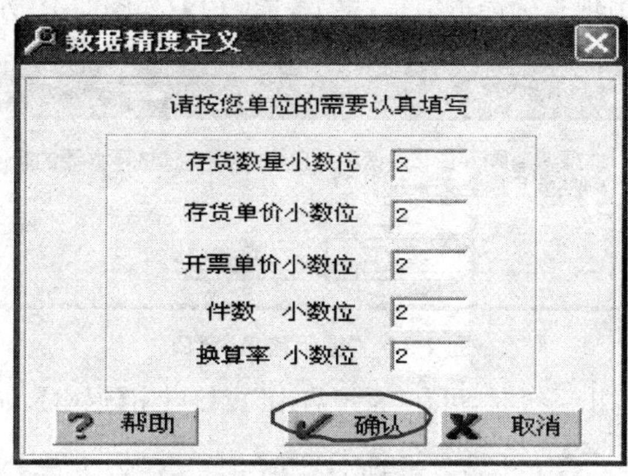

图 2-28　“数据精度定义”窗口

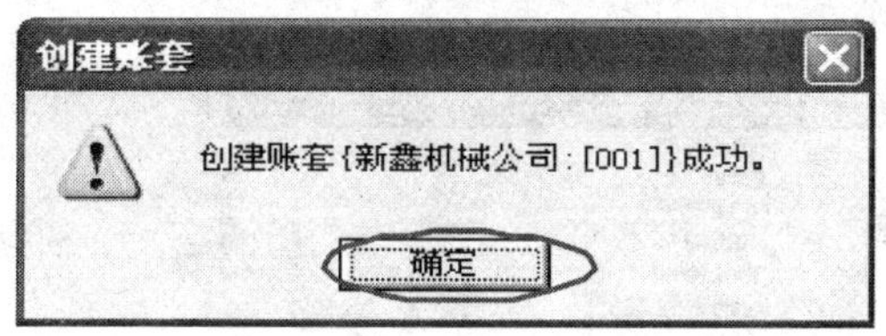

图 2-29　“创建账套”成功提示窗口

第十步：系统提示“是否立即启用账套”，单击【是(Y)】，如图 2-30 所示。

第十一步：进入“系统启用”窗口单击选中“工资管理”前的复选框，选择日期为“2010 年 1 月 1 日”，单击【确定】，如图 2-31所示。

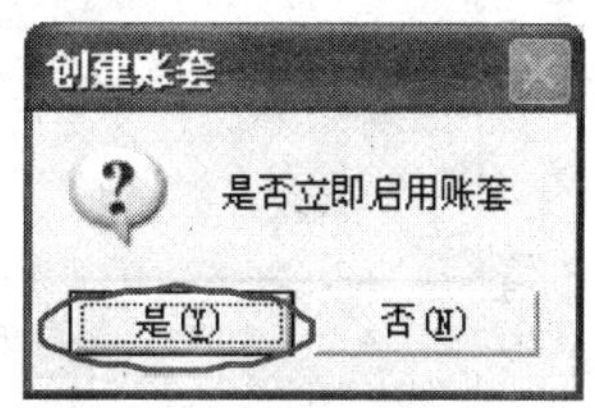

图 2-30　“是否启用账套”窗口

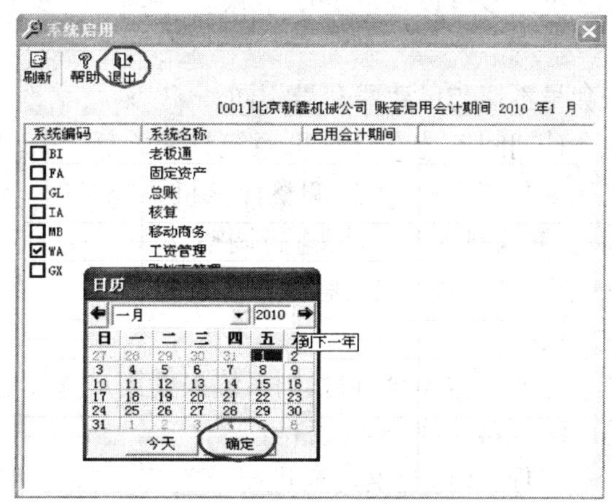

图 2-31　“系统启用”窗口

第十二步：出现系统提示信息，单击【是(Y)】，如图 2-32 所示。

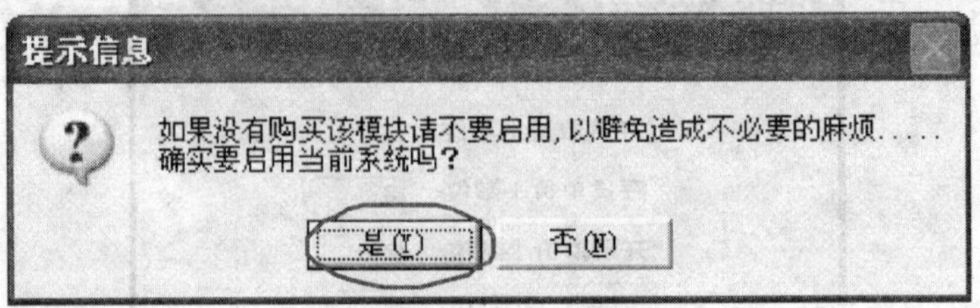

图 2-32 “提示信息”窗口

第十三步：退出系统时，可在“系统启用”窗口点击【退出】，如图 2-33 所示。

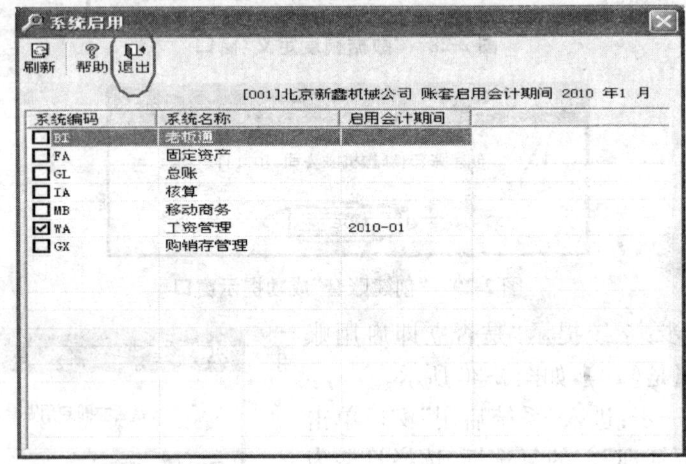

图 2-33 “系统启用”窗口

注：

·用友软件系统最多可以建立 999 个账套，其中“999”账套为系统预设的演示账套。

·新建的账套号不能与已建账套号相同。

·账套启用会计期间不能在计算机系统日期之后。若想把启用会计期间放在在计算机系统日期之后，可以调整计算机系统时间，调整方法为单击【开始】→【控制面板】→【日期和时间】进行调整。

·单位信息中只有“单位名称”是必须输入的，名称应录入企业的全称，以便打印发票时使用。

·如果选择了行业性质预设科目，则系统根据用户选择的行业类型自动装入国家规定的一级科目和部分二级科目。

·选择是否对存货、客户及供应商进行分类将会影响到其档案设置，有无外币核算将会影响到基础信息的设置及日常能否处理外币业务。

· 删除编码级次时，必须从最后一级向前一级删除。

· 在系统未使用前，如果分类编码方案设置有误，可以在系统中的"基础设置"里进行修改。

2.4.5 修改账套

修改账套的操作步骤如下：

第一步：在"T3 用友通标准版【系统管理】"窗口中，选择【系统】→【注册】，如图 2-34 所示。

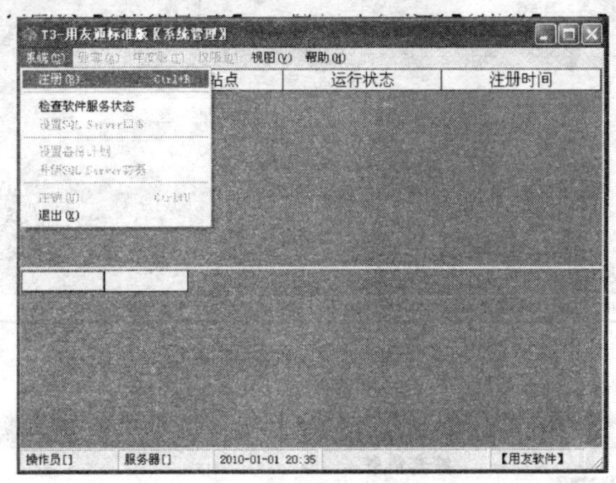

图 2-34 "系统启用"窗口

第二步：在"用户名"栏中输入"KJ01"，密码"000"，单击"账套"栏右侧的下三角按钮，选择"[001]新鑫机械公司"，"会计年度"录入"2010"，单击【确定】，如图 2-35 所示。

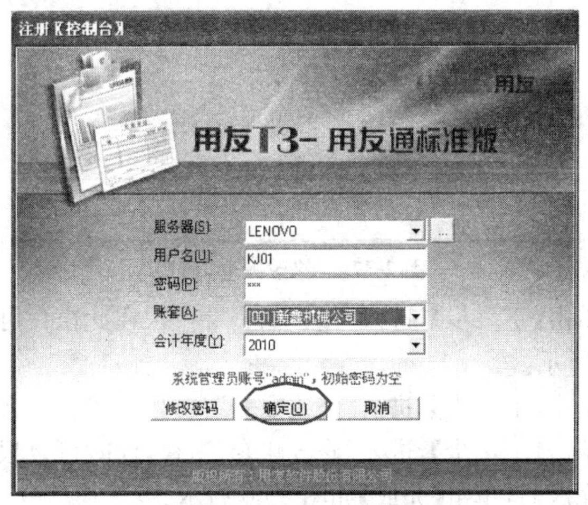

图 2-35 "注册【控制台】"窗口

第三步：选择【账套】→【修改】，进入“账套信息”窗口，如图 2-36、图 2-37 所示。

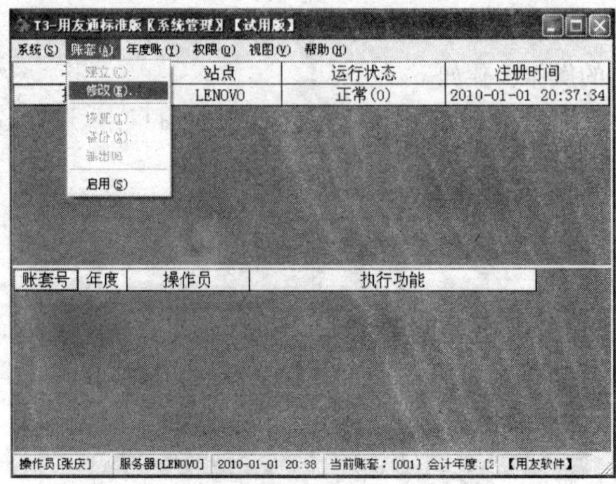

图 2-36 “系统管理”窗口

修改账套
账套信息
此页面可输入当前有关账套信息。
已存账套：
账套号(A)：001
账套名称(N)：新鑫机械公司
账套路径(P)：
启用会计期(Y)：2010 1 月 会计期间设置
帮助(H) 放弃 上一步(<) 下一步(>) 完成(F)

图 2-37 “修改账套”窗口

第四步：单击【下一步】，进入“创建账套”窗口，在此窗口可以修改单位信息，如图 2-38 所示。

第五步：单击【下一步】，进入“修改账套”窗口，如图 2-39 所示。

第六步：单击【下一步】，进入“修改账套”窗口，此时可以根据管理需要修改选项，更改完成后，单击【完成】如图 2-40 所示。

注：屏幕上显示灰色部分属于不可更改项目。

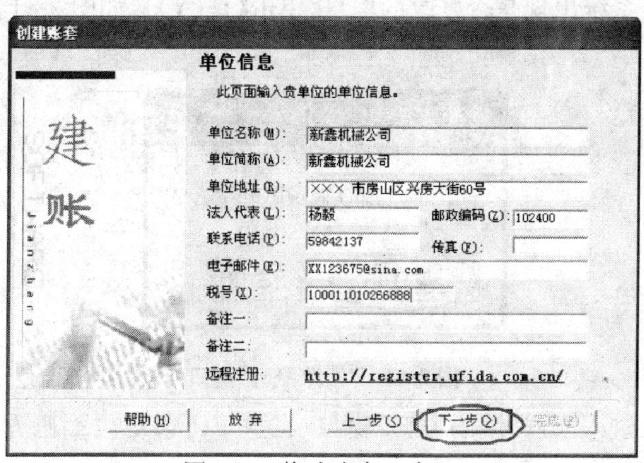

图 2-38 “创建账套”窗口

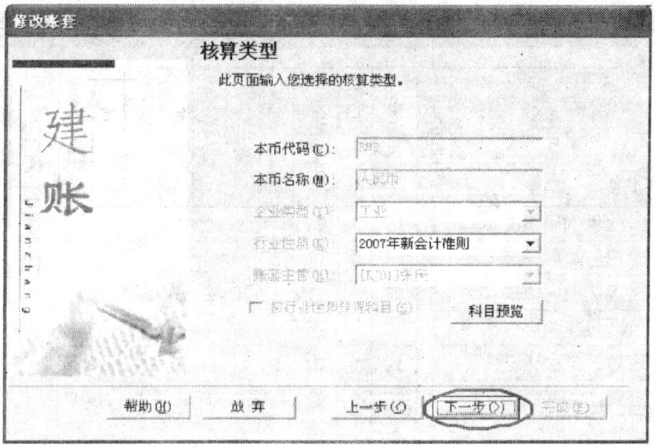

图 2-39 “修改账套”窗口

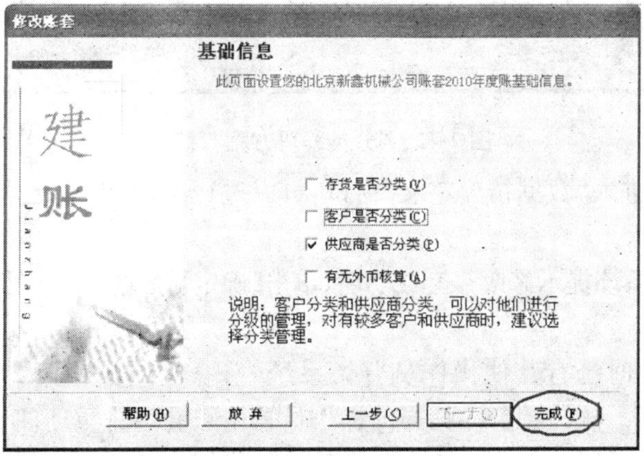

图 2-40 “修改账套”窗口

第七步：系统出现是否修改的信息，单击【是(Y)】，如图2-41所示。

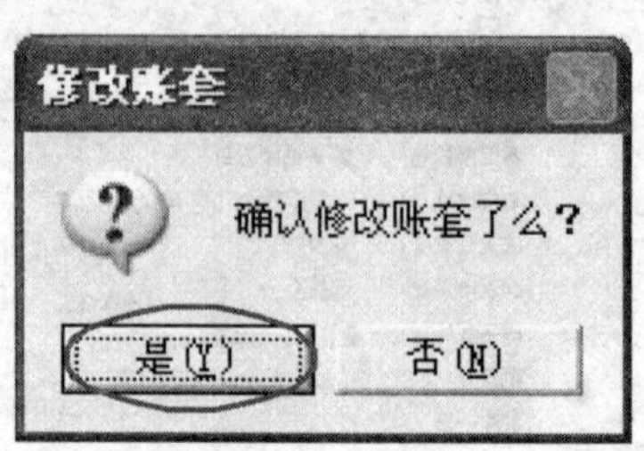

图 2-41 “修改账套”窗口

第八步：进入“分类编码方案”窗口，在这里可以更改编码方案，改完后，单击【确认】，如图2-42所示。

分类编码方案

项目	最大级数	最大长度	单级最大长度	是否分类	第1级	第2级	第3级	第4级	第5级	第6级	第7级	第8级	第9级
科目编码级次	9	15	9	是	4	2	2	2					
客户分类编码级次	5	12	9	否	2								
部门编码级次	5	12	9	是	1	2	2						
地区分类编码级次	5	12	9	是	2	3	4						
存货分类编码级次	8	12	9	否	2								
货位编码级次	8	20	9	是	1	1	1	1	1	1	1	1	
收发类别编码级次	3	5	5	是	1	1	1						
结算方式编码级次	2	3	3	是	1	2							
供应商分类编码级次	5	12	9	是	2								

说明：背景色为灰色的，用户不能调整。

帮助　确认　取消

图 2-42 “分类编码方案”窗口

第九步：进入“数据精度定义”窗口，可以进行更改，改完后，单击【确认】，如图2-43所示。

第十步：系统提示修改账套成功后，单击【确定】，如图2-44、图2-45所示。

注：

· 如果此时已有其他操作员登录系统管理，则应先通过“系统管理”窗口，单击【系统】→【注销】，注销当前操作员再由账套主管重新注册。

· 此功能还能起动用户查看账套信息的作用。

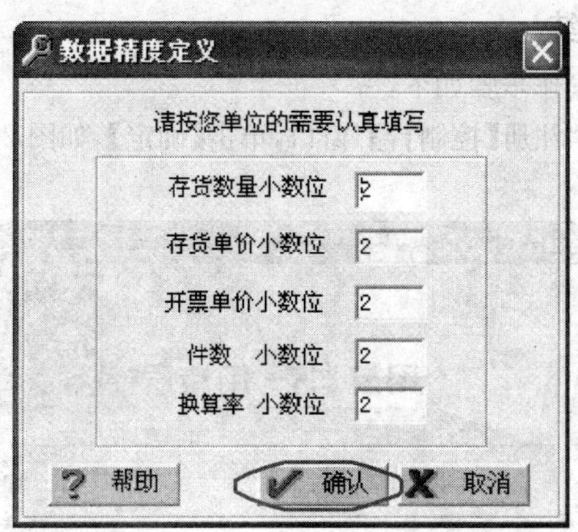

图 2-43　“数据精度定义”窗口

图 2-44　“修改账套”窗口

T3-用友通标准版【系统管理】【试用版】

系统(S)　账套(A)　年度账(Y)　权限(O)　视图(V)　帮助(H)

子系统	站点	运行状态	注册时间
控制台	LENOVO	正常(0)	2010-01-01 20:37:34
修改账套	LENOVO	正常(3)	2010-01-01 20:39:29

账套号	年度	操作员	执行功能
001	2010	KJ01	[SYS0002]修改账套

操作员[张庆]　服务器[LENOVO]　2010-01-01 20:43　当前账套：[001] 会计年度:[2　【用友软件】

图 2-45　“系统管理”窗口

2.4.6 启用系统

启用系统的操作步骤如下：

第一步：打开“注册【控制台】”窗口，单击【确定】，如图 2-46 所示。

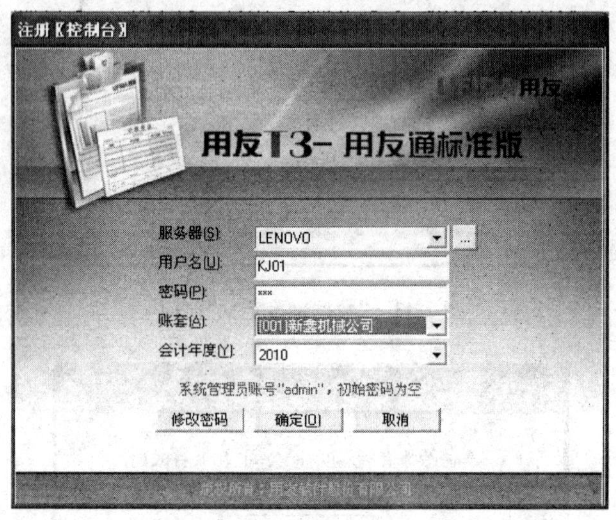

图 2-46 “注册【控制台】”窗口

第二步：单击【账套】→【启用】，如图 2-47 所示。

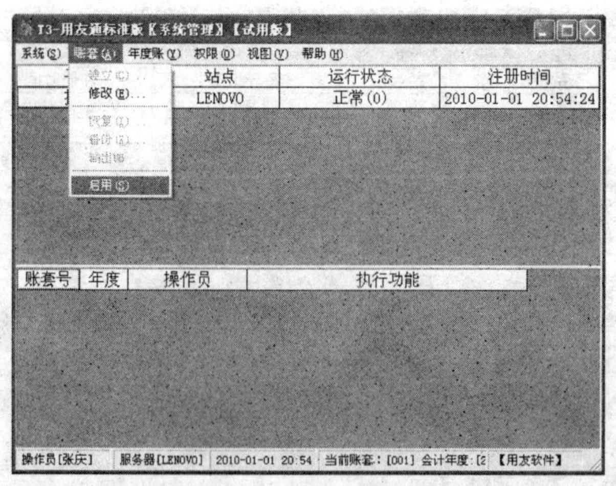

图 2-47 “系统管理”窗口

第三步：单击“工资管理”前的复选框，出现系统提示信息，然后单击【是】，如图 2-48、图 2-49 所示。

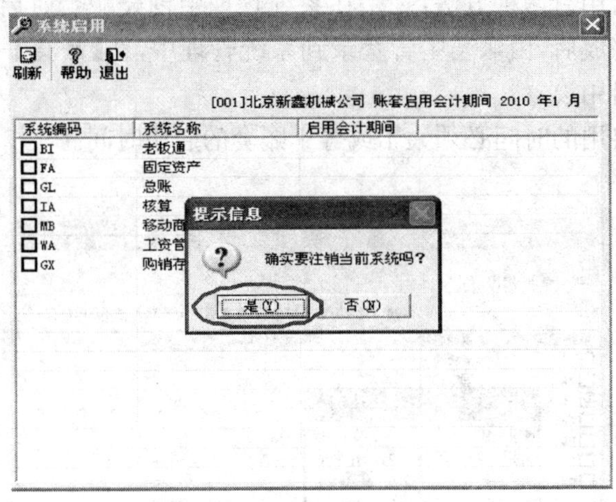

图 2-48　“系统启用”窗口

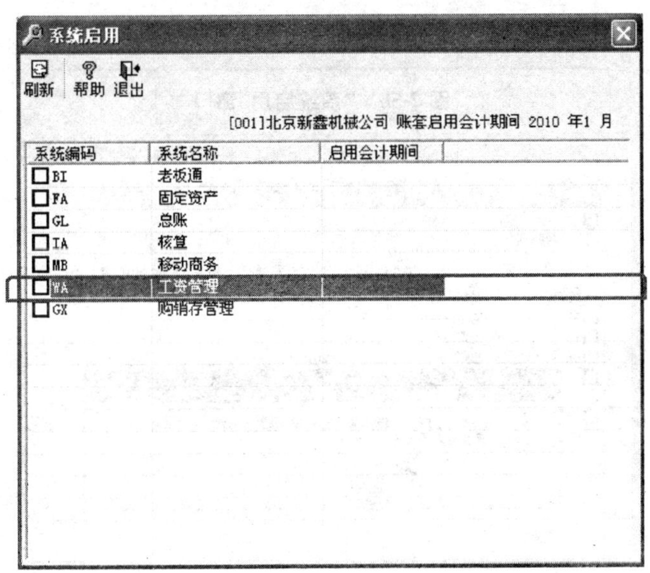

图 2-49　“系统启用”窗口

第四步：单击“总账”前的复选框，日期选择“2010 年 1 月 1 日”，然后单击【确定】，弹出系统提示窗口，单击【是】，如图 2-50、图 2-51、图 2-52 所示。

注:

·系统启用有两种方法:一是在系统管理中创建账套时启用系统;二是在账套建立完成后,由账套主管登录到系统管理中,在【账套】→【启用】功能中进行系统启用设置。

·系统启用的时间必须大于或等于账套的启用时间。

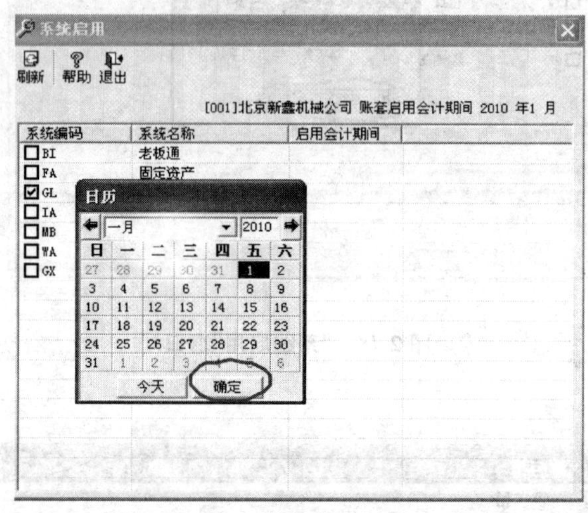

图 2-50 “系统启用”窗口

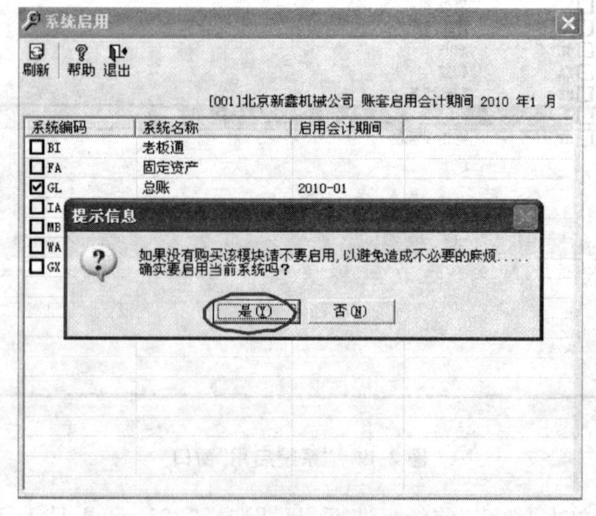

图 2-51 “系统提示”窗口

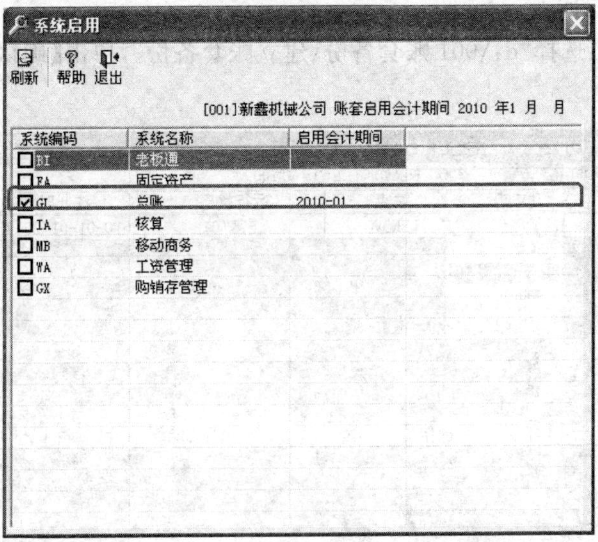

系统启用

刷新 帮助 退出

[001]新鑫机械公司 账套启用会计期间 2010 年1 月 月

系统编码	系统名称	启用会计期间
☐ BI	老板通	
☐ FA	固定资产	
☑ GL	总账	2010-01
☐ IA	核算	
☐ MB	移动商务	
☐ WA	工资管理	
☐ GX	购销存管理	

图 2-52 “系统启用”窗口

2.4.7 备份账套

备份账套的操作步骤如下：

第一步：在 D 盘中建立“001 账套备份\建立账套备份”文件夹。

第二步：打开“注册【控制台】”窗口，以系统管理员（admin）身份进入，单击【确定】，如图 2-53 所示。

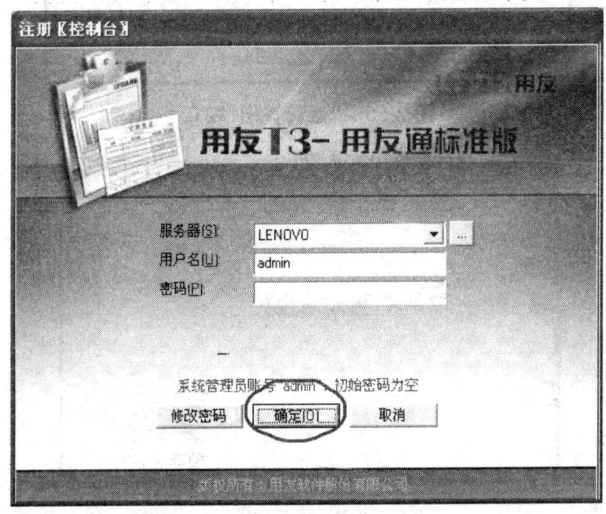

图 2-53 “注册【控制台】”窗口

第三步：打开“系统管理”窗口，单击【账套】→【备份】→【确定】，如图 2-54、图 2-55 所示。

第四步：选择“d:\001 账套备份\建立账套备份”，单击【确认】，如图 2-56 所示。

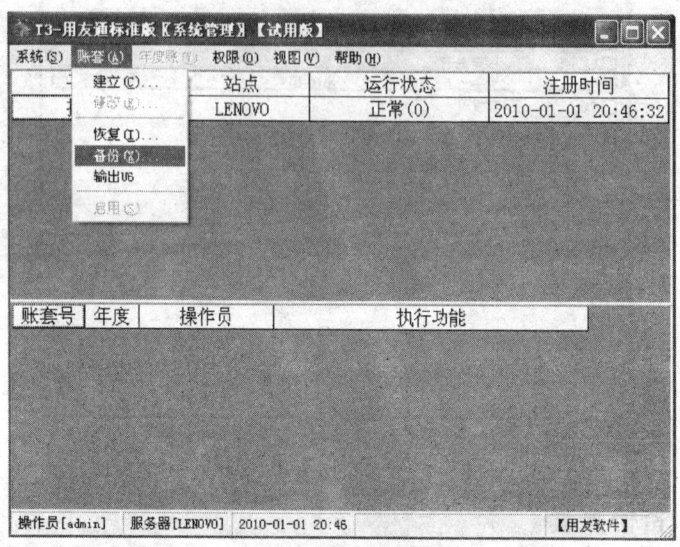

图 2-54 “系统管理”窗口

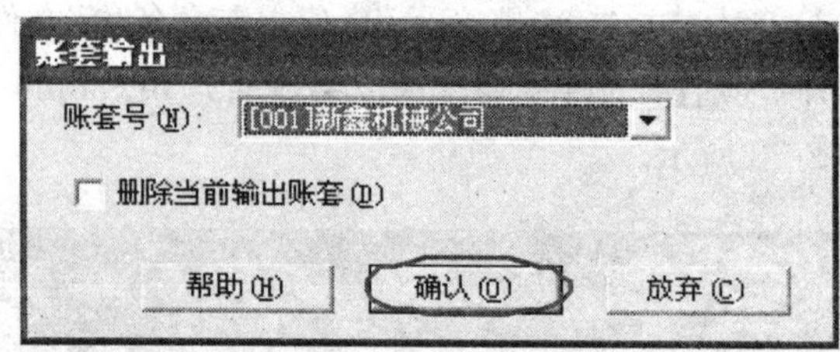

图 2-55 “账套输出”窗口

图 2-56 “选择备份目标”窗口

第五步：系统出现提示信息，单击【确定】，如图 2-57 所示。

图 2-57 “UFBack”窗口

第六步：系统出现提示信息，提示进行杀毒，可根据具体需要进行操作。单击【关闭】，如图 2-58 所示。

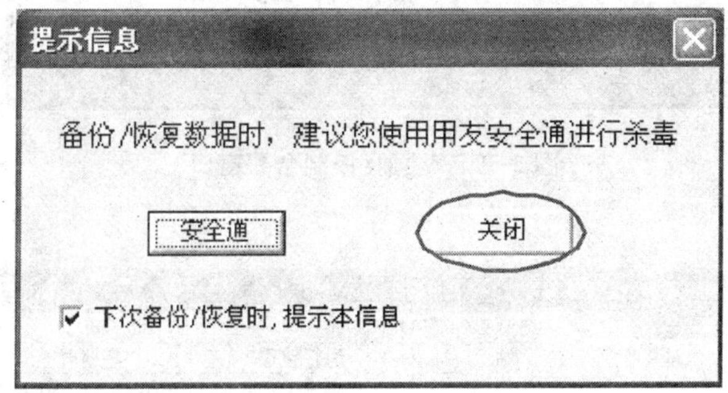

图 2-58 “提示信息”窗口

注：

· 只有系统管理员(admin)才有权限备份账套。

· 正在使用的账套可以进行账套输出而不允许进行账套删除。

· 备份账套时应先建立一个备份账套的文件夹，以便将备份数据存放在目标文件夹中。

· 账套的“备份”功能除了可以完成账套的备份操作外，还可以完成删除账套的操作。

· 账套备份的目的是长期保存，预防意外事故造成的硬盘数据丢失、破坏等。

2.4.8 恢复账套

恢复账套的操作步骤如下：

第一步：以系统管理员(admin)身份进入“系统管理”窗口，选择【账套】→【恢复】，如图 2-59、图 2-60 所示。

第二步：系统出现提示信息，单击【关闭】，如图 2-61 所示。

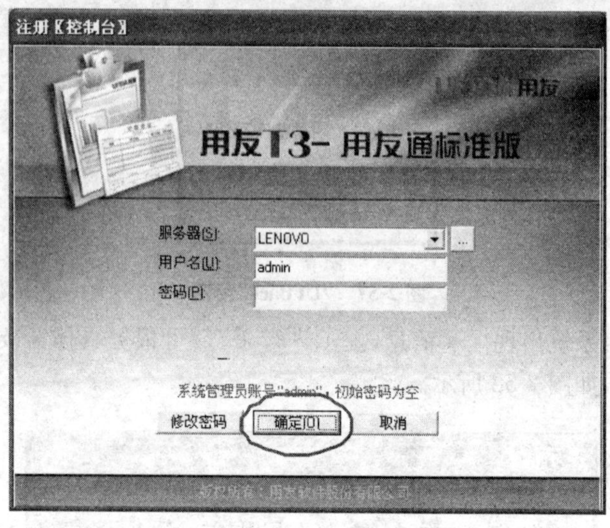

图 2-59 “注册【控制台】”窗口

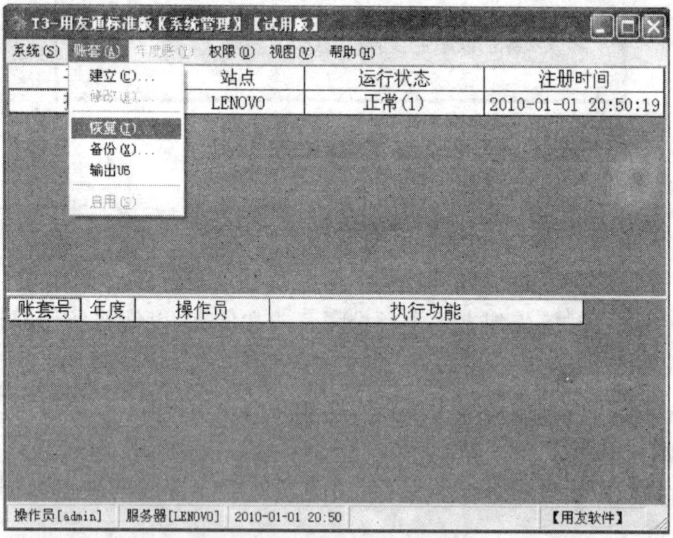

图 2-60 “T_3-用友通标准板【系统管理】【试用版】”窗口

第三步：打开“d：\001 账套备份\建立账套备份”中的数据文件“UF2KAct. lst”，单击【打开】，如图 2-62 所示。

第四步：出现系统提示信息，单击【是】，如图 2-63、图 2-64 所示。

第五步：系统出现账套恢复成功提示，单击【确定】，如图 2-65 所示。

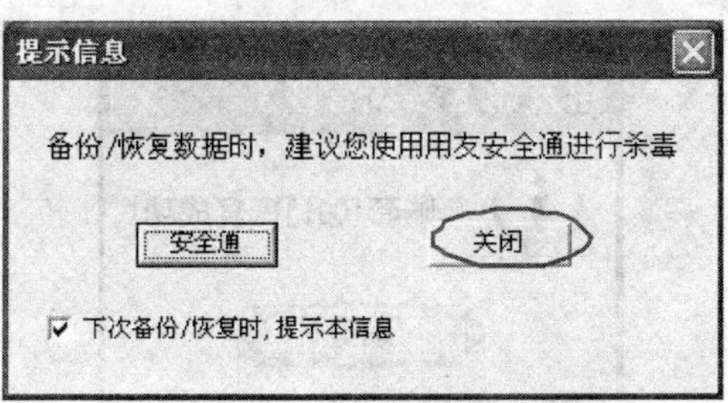

图 2-61 “提示信息”窗口

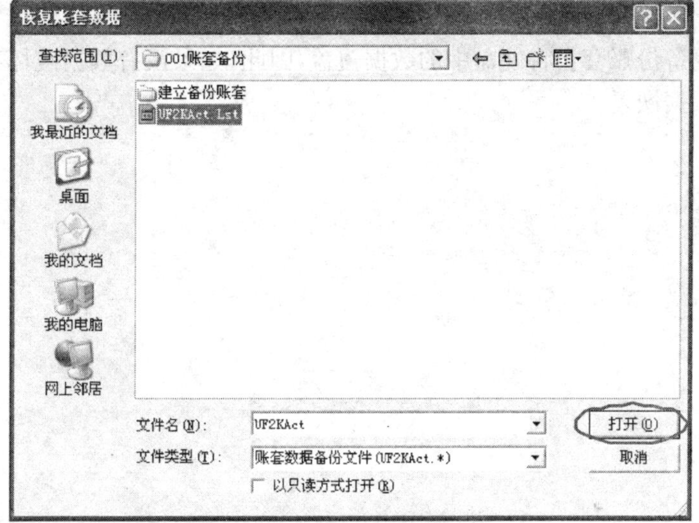

图 2-62 “恢复账套数据”窗口

图 2-63 “用友通【系统管理】”窗口

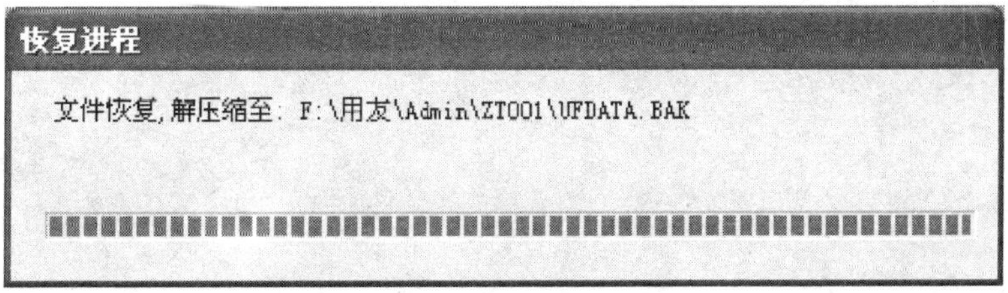

恢复进程

文件恢复，解压缩至: F:\用友\Admin\ZT001\UFDATA.BAK

图 2-64 “恢复进程”窗口

图 2-65 “用友通【系统管理】”窗口

注：

恢复备份账套会将硬盘中的数据覆盖，因此，如果没有数据破坏，不要轻易进行数据恢复。

第3章　日常业务的处理

3.1　会计核算程序

会计核算程序包括填制会计凭证、登记会计账簿和编制会计报表，是会计工作的核心任务。为连续、全面、系统地反映企业的经济活动，为会计信息使用者提供系统的会计信息，合理、科学地组织会计核算工作，企业必须根据自身的具体情况，确定相应的会计核算程序，使会计凭证的填制、会计账簿的登记和会计报表的编制能够有机地结合起来，做到相互配合，相互衔接，从而形成一个严密的核算体系。会计核算程序如图3-1所示。

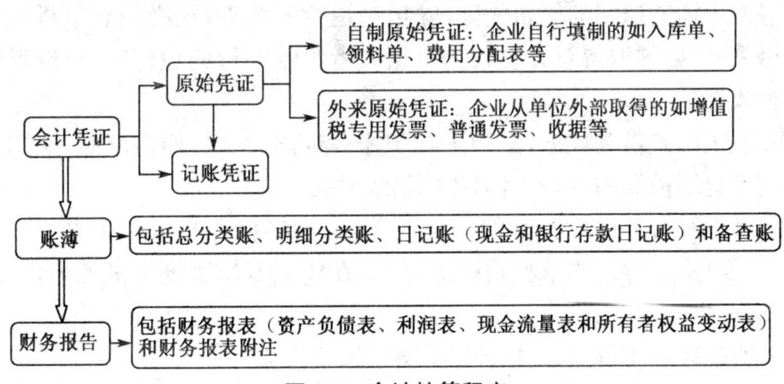

图3-1　会计核算程序

3.2　原始凭证的审核

审核原始凭证是会计核算工作中必不可少的环节，是国家赋予财会人员的监督权力。只有经审核无误后的原始凭证，才能作为编制记账凭证和登记明细分类账的依据。原始凭证的审核要符合合法性、真实性、完整性和正确性的要求。其审核的主要内容包括原始凭证的内容、签章、金额和联次等。

3.2.1　原始凭证的基本要求

根据中华人民共和国财政部《会计基础工作规范》规定，原始凭证的基本要求有：

①原始凭证的内容必须包括凭证的名称、填制凭证的日期、填制凭证的单位名称或者填制人姓名、经办人员的签名或者盖章、接受凭证的单位名称，以及经济业务的内容、数量、单价和金额。

②从外单位取得的原始凭证，必须盖有填制单位的公章；从个人取得的原始凭证，必须有填制人员的签名或者盖章。自制原始凭证必须有经办单位领导人或其指定人员的签名或盖章。对外开出的原始凭证，必须加盖本单位公章。

③凡填有大写和小写金额的原始凭证，大写与小写金额必须一致。购买实物的原始凭证，必须有验收证明。支付款项的原始凭证，必须有收款单位和收款人的收款证明。

④一式几联的原始凭证，应当注明各联的用途，并且只能以一联作为报销凭证。一式几联的发票和收据，必须用双面复写纸(发票和收据本身具备复写功能的除外)套写，并连续编号。作废时，应当加盖"作废"戳记，连同存根一起保存，不得撕毁。

⑤发生销货退回的原始凭证，除填制退货发票外，还必须有退货验收证明。退款时，必须取得对方的收款收据或者汇款银行的凭证，不得以退货发票代替收据。

⑥职工出差借款凭据，必须附在记账凭证之后。收回借款时，应当另开收据或者退还借据副本，不得退还原借款收据。

⑦经上级有关部门批准的经济业务，应当将批准文件作为原始凭证附件。如果批准文件需要单独归档的，应当在凭证上注明批准机关名称、日期和文件字号。

⑧原始凭证不得涂改、挖补，不得伪造、变造。

⑨发现原始凭证有错误的，应当由开出单位重开或者更正，更正处应当加盖开出单位的公章。原始凭证金额有错误的，必须要求由开出单位重新开具。

⑩从外单位取得的原始凭证如有遗失，应当取得原开出单位盖有公章的证明，并注明原来凭证的号码、金额和内容等，由经办单位会计机构负责人、会计主管人员和单位领导人批准后，才能代作原始凭证。如果确实无法取得证明的，如火车票、轮船票、飞机票等凭证，由当事人写明详细情况，由经办单位会计机构负责人、会计主管人员和单位领导人批准后，作为原始凭证使用。

3.2.2 原始凭证的审核内容

会计人员主要审核原始凭证以下几个方面的内容，如图3-2所示。

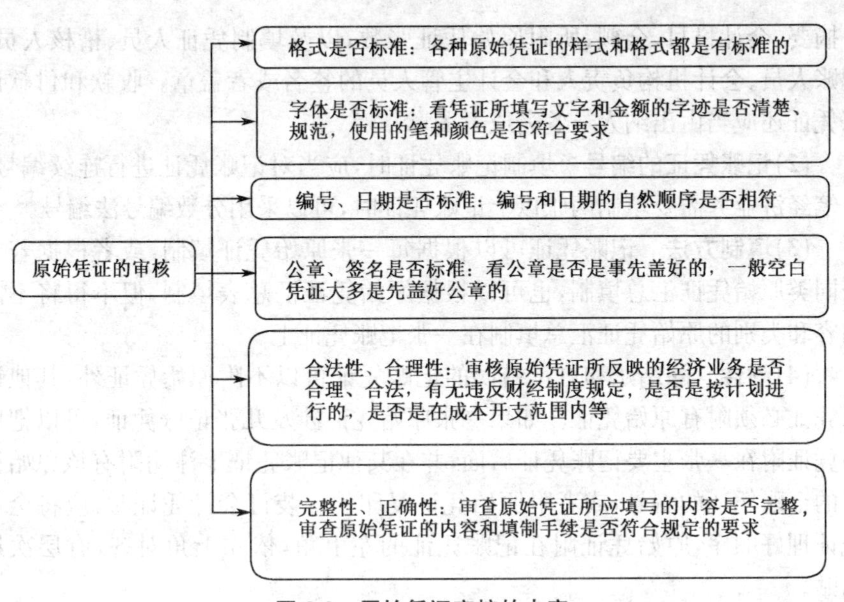

图 3-2　原始凭证审核的内容

3.3　记账凭证的编制

3.3.1　记账凭证的分类

记账凭证一般分为通用记账凭证和专用记账凭证两种。记账凭证的分类如图 3-3 所示。

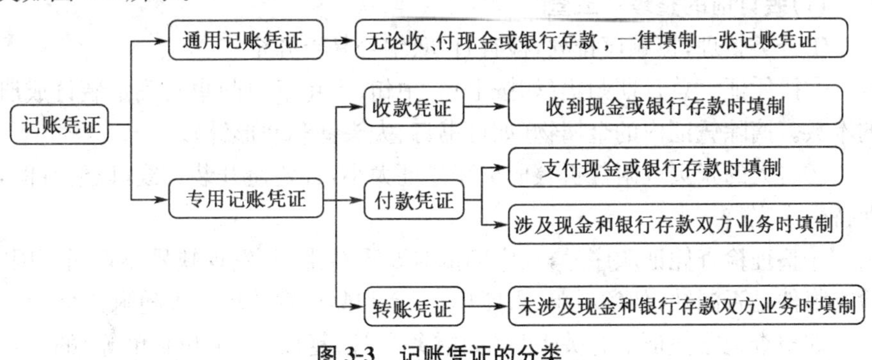

图 3-3　记账凭证的分类

3.3.2　记账凭证的填制要求

记账凭证的填制必须根据审核无误的原始凭证填制，具体填制要求如下：

(1)记账凭证填制的内容　包括填制记账凭证的日期、凭证编号、经济业

务摘要、会计科目、金额、所附原始凭证张数,以及填制凭证人员、稽核人员、记账人员、会计机构负责人和会计主管人员的签名或者盖章。收款和付款记账凭证还应当由出纳人员签名或者盖章。

(2)记账凭证的编号　填制记账凭证时,应当对记账凭证进行连续编号。一笔经济业务需要填制两张以上记账凭证时,可以采用分数编号法编号。

(3)填制方法　记账凭证可以根据每一张原始凭证填制,或者根据若干张同类原始凭证汇总填制,也可以根据原始凭证汇总表填制,但不得将不同内容和类别的原始凭证汇总填制在一张记账凭证上。

(4)附件　除结账和更正错误的记账凭证可以不附原始凭证外,其他记账凭证必须附有原始凭证。如果一张原始凭证涉及几张记账凭证,可以把原始凭证附在一张主要记账凭证后面,并在其他记账凭证上注明附有该原始凭证的记账凭证的编号,或者附原始凭证复印件。装订会计凭证时,应将全部凭证理好顺序,原始凭证附在记账凭证的左上角,依左上角对齐,有层次地粘贴。

(5)填制记账凭证时发生错误的处理方法　应当重新填制一张,不要在原凭证上面挖、擦、涂、抹。

(6)空行处理　填制完经济业务事项后,记账凭证上如果有空行,应当自金额栏最后一笔金额数字下的空行处至合计数上的空行处,由左下方向右上方划斜线注销。

3.3.3　记账凭证的装订

(1)装订前的整理:"五查"

①分类整理,按顺序排列,检查日期、编号是否齐全。

②按凭证汇总日期归集(如按上旬、中旬、下旬汇总归集),确定装订成册的本数。摘除凭证内的金属物(如订书订、大头针和回形针)。

③将大的张页或附件折叠成记账凭证大小,且要避开装订线,以便翻阅,保持数字完整。

④整理检查凭证顺序号,顺序颠倒时要重新排列,发现缺号要查明原因。检查附件是否漏缺,如领料单、入库单、工资和奖金发放单是否随附齐全。

⑤检查记账凭证上有关人员(如财务主管、复核、记账和制单等)的印章是否齐全。

(2)凭证装订时的要求

①将全部凭证以左上角为准对齐,加具封面。封面使用较为结实、耐磨、韧性较强的牛皮纸等。在左上角正面放一块长、宽各约9厘米的正方形牛皮纸,将牛皮纸对折为四块,剪掉左上角的那块正方形。

②将牛皮纸右上角和左下角两块反折到凭证封底，粘在打好的结上，将结压在里面。裁角方法如图 3-4 所示。在凭证封面左上角上钻两个孔，穿入装订绳，绕两圈并在封底打上结。打孔穿线位置如图 3-5 所示。

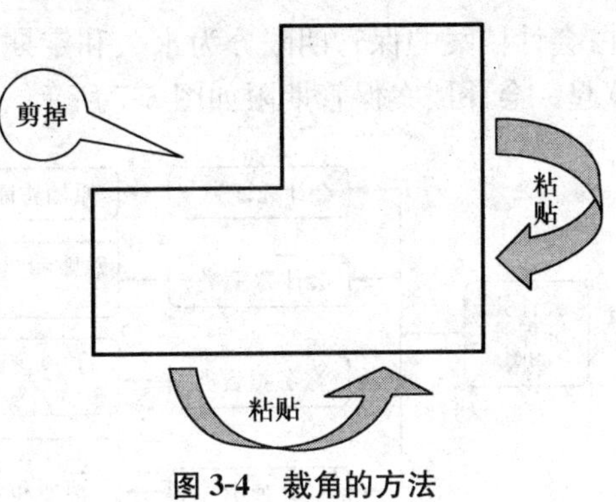

图 3-4 裁角的方法

③由装订人员在凭证封面上写上“某年某月、第几册、共几册”字样，并在装订线封鉴处签名或盖章。装订完成后的记账凭证如图 3-6 所示。

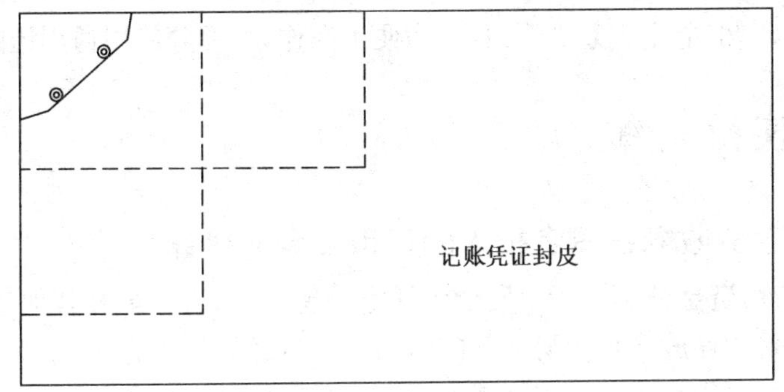

图 3-5 打孔穿线位置

记 账 凭 证

单位名称			
凭证类别	□_______收款凭证□_______付款凭证□_______转账凭证□_______通用凭证		
凭证起止日期	自 200 年 月 日至 200 年 月 日		
凭证册数	本月共 册 本册是第 册		
凭证号数	本册自第 号至第 号 本册共有 号		
财务主管		经办会计	
保管年限	年	装订人	

图 3-6 装订完成后的记账凭证

3.4 会计档案保管

根据《会计档案管理办法》的规定，会计档案应当妥善保管；单位档案不得借出，如有特殊情况，经本单位负责人批准后，可以提供查阅或者复制原件;会计档案的保管期限分为永久和定期两类,都从会计年度终了后第一天算起。会计档案保管期限如图3-7所示。

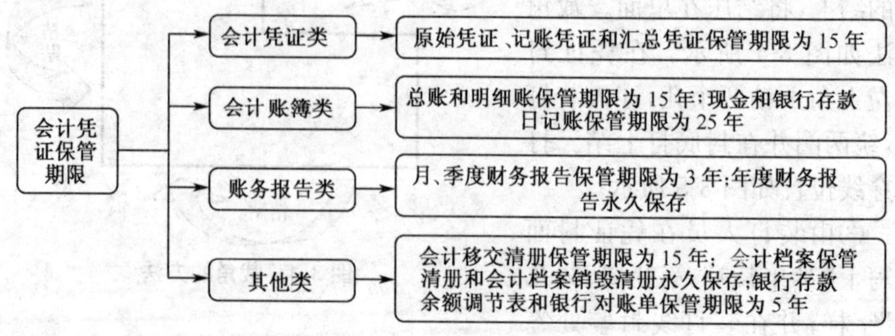

图3-7 会计档案保管期限

目前,中小企业业务量不太多,为便于操作,大部分使用通用记账凭证。

3.5 实操训练

3.5.1 企业收到投资者投入的货币资金的核算

(1)货币资金分类 货币资金包括库存现金、银行存款和其他货币资金。库存现金是指存放在企业财会部门由出纳人员经管的库存现金,是企业流动性最强的一项货币资金。其他货币资金包括企业的外埠存款、银行汇票存款、银行本票存款、信用证存款、信用卡存款和存出投资款等。

外埠存款是指企业到外地进行临时或零星采购时,汇往采购地银行开立采购专户的款项。采购专户存款不计利息,除采购员差旅费可以支取少量现金外,一律转账。采购专户只付不收,付完结束账户。

银行汇票存款是指企业为取得银行汇票,按照规定存入银行的款项。银行本票存款是指企业为取得银行本票,按照规定存入银行的款项。存出投资款是指企业已存入证券公司但尚未进行投资的资金。货币资金构成如图3-8所示。

(2)账户设置

①为了反映库存现金的收支、结存情况,企业应设置"库存现金"账户。这个账户是一个资产账户,借方登记"库存现金"的增加数,贷方登记"库存现金"的减少数,期末余额在借方,反映期末"库存现金"的实有数。

②为了反映银行存款的收支、结存情况,企业应设置"银行存款"账户。该账户是资产类账户,借方登记"银行存款"的增加,贷方登记"银行存款"的减少,期末余额在借方,反映期末"银行存款"的实有数。

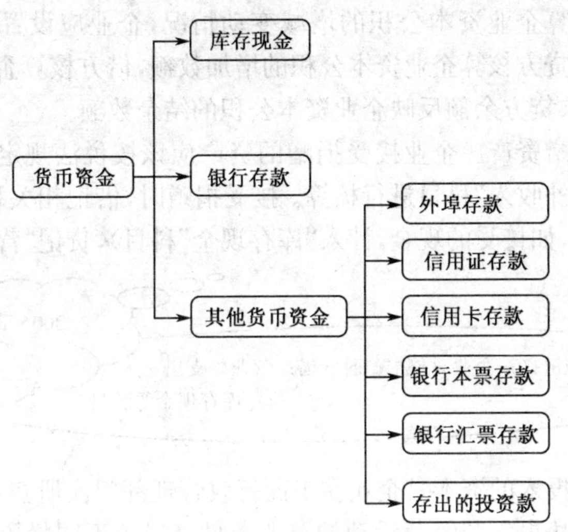

图 3-8 货币资金构成

③为了反映其他货币资金的收支、结存情况，应设置"其他货币资金"账户。该账户是资产类账户，借方登记"其他货币资金"的增加数，贷方登记"其他货币资金"的减少数，余额在借方，表示"其他货币资金"的结存数额。

④企业收到投资者以现金投入的资本时，应以实际收到或存入企业开户银行的金额作为实收资本入账，借记"库存现金"、"银行存款"、"固定资产"等科目，按其在注册资本中占有的份额，贷记"实收资本"科目，二者的差额贷记"资本公积——资本溢价"科目。股份有限公司产生的股本溢价应贷记"资本公积——股本溢价"科目。

⑤企业接受投入的固定资产，如接受投资者作价投入的房屋、建筑物、机器设备等固定资产，应按照投资合同或协议约定价值入账，借记"固定资产"科目，贷记"实收资本"科目。对于投资各方确认的资产价值超过其在注册资本中所占份额的部分，应计入"资本公积"科目。

⑥企业接受投入的原材料，如接受投资者作价投入的材料物质，应按投资各方确认的价值及应当缴纳的流转税等入账。按确认的价值，借记"原材料"科目，按增值税专用发票上注明的增值税额，借记"应交税金——应交增值税(进项税额)"科目，按其在注册资本中应拥有的份额，贷记"实收资本"科目，按其差额，贷记"资本公积"科目。

⑦企业接受投入无形资产，如收到的是投资者以无形资产方式投入的资本，应按照投资合同或协议约定价值入账，借记"无形资产"科目，贷记"实收资本"科目。如果确认的无形资产的价值大于其在注册资本中拥有份额，应将其差额计入"资本公积"科目。

⑧为了核算企业资本公积的增减变动情况，企业应设置"资本公积"科目。该科目的贷方核算企业资本公积的增加数额，借方核算企业资本公积的减少数额，期末贷方余额反映企业资本公积的结余数额。

⑨接受捐赠资产。企业接受捐赠的资产应该按税法规定确定的入账价值，通过"营业外收入"科目进行核算。接受捐赠时，借记相关科目（接受的什么记什么科目，如接受的现金，计入"库存现金"科目），贷记"营业外收入"。

2006年新准则颁布

知识链接：企业对外捐赠时，借：营业外支出
贷：库存现金等科目

⑩投资者投入的资本是企业在工商行政管理部门注册登记的资本金，是国家批准企业从事生产经营活动的首要条件。对于不同投资者投入货币资金，企业应分别设置明细账进行明细核算。

⑪为了反映各类不同性质的资本公积的增减变动情况，"资本公积"科目应按照资本公积的类别设置明细账，进行明细分类核算。出纳人员要登记"现金日记账"和"银行存款日记账"。

(3)实训资料

单位名称：新鑫机械公司

启用会计期：2010年1月

单位简称：新鑫公司

单位地址：×××市房山区兴房大街60号

法人代表：杨毅

邮政编码：102400

联系电话：59842137

电子邮件：XX123675@sina.com

税号：100011010266888

企业类型：工业

采用的核算方法：实际成本法核算

行业性质：2006年新会计准则

主管会计：张庆

会　计：王露

出纳人员：张平

经营范围及主要产品：日用产品

纳税人类型：一般纳税人

增值税率：17％

企业类型：有限责任公司

企业印章：如图 3-9 所示。

图 3-9　企业印章

①将表 3-1 和表 3-2 两张原始凭证交给资金岗位会计审核，并编制记账凭证，然后送交主管会计审核。

②将两张原始凭证附在记账凭证背面，左上角对齐粘贴，然后送交主管会计审核。

③资金岗位会计根据审核后的记账凭证，登记实收资本、资本公积明细账。

④出纳根据经济业务发生的先后顺序登记库存现金或银行存款明细账。

⑤企业吸收投资人的决议属于重要的原始凭证，一般应单独保管。投资人出资货币资金部分，占注册资本的比例计入实收资本，剩余部分作资本公积处理。

[业务 1]：××月××日，企业收到理想投资公司的投资款 200 000 元，存入银行。原始凭证为股东会决议、×××银行进账单，如图 3-10、图 3-11 所示。

股东会决议

因公司不断发展扩大，业务量增加，为使公司有更好的发展，根据公司章程规定，我公司全体股东于×××× 年××月××日召开股东大会，经全体股东一致表决，同意增加公司注册资本，增加资本 200 000 元，具体出资比例是：甲公司出资 200 000 元，占总资本的 10%。

新鑫机械公司

全体股东签字（盖章）

2010 年 1 月 1 日

图 3-10　股东会决议

×××银行 进账单(回执)

2010年1月3日

签发人	全称	理想投资公司	收款人	全 称	新鑫机械公司
	账号	49113151021		账号	45105867508
	开户银行	×××银行支行		开户银行	×××银行长安里支行

人民币(大写)	贰拾万元整	千	百	十	万	千	百	十	元	角	分
			¥	2	0	0	0	0	0	0	0

票据种类	转账支票	票据张数	1张	开户银行签章
票据号码	NI58964			
单位主管: 会计: 复核: 记账:				

图3-11 ×××银行进账单

根据原始凭证图3-10、图3-11填制[业务1]记账凭证见表3-1。

表3-1 [业务1]记账凭证

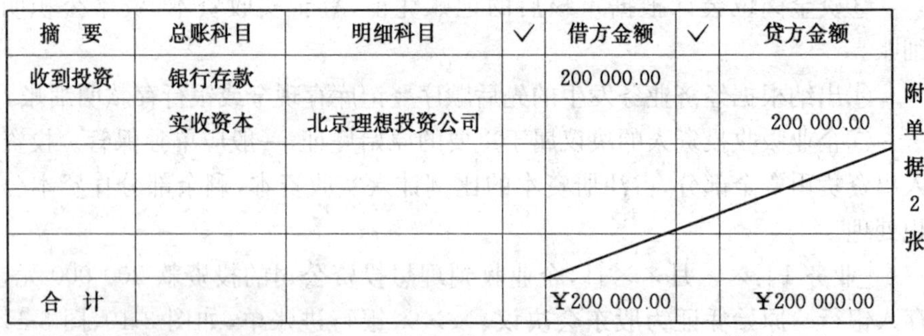

记 账 凭 证

2010年01月03日　　记字第 1 号

摘 要	总账科目	明细科目	✓	借方金额	✓	贷方金额
收到投资	银行存款			200 000.00		
	实收资本	北京理想投资公司				200 000.00
合 计				¥200 000.00		¥200 000.00

附单据2张

财务主管：张庆　记账：王露　出纳：张平　审核：张庆　制单：王露

3.5.2 向银行提取现金的核算

1. 理论知识点

(1)出纳业务范围 主要包括现金收支业务、银行转账业务、日记账登记、对账，以及银行账户的开立、变更和撤销。实际工作中，有些企业将办理银行借款、营业执照、代码证和贷款卡年检、税款的缴纳等工作也交由出纳人员负责。

(2)出纳工作注意事项

①出纳人员需定期到开户银行填写银行收费凭证，用现金购买支票等。签发现金支票时，应加盖预留银行印鉴，签章要与收款人名称一致。特别注意的是，支票的出票日期、出票金额、收款人名称不能更改，属于绝对记载事项；大小写金额要一致。

②现金支票背面要有背书(即签名，加盖预留银行印鉴)，并加注取款人

的身份证号码及发证机关。

③我国《票据法》中所指的票据包括支票、银行本票、银行汇票和商业汇票，统称票据。票据日期的填写必须使用中文大写。具体填写方法为在填写月、日时，月为壹、贰和壹拾的，日为壹至玖和壹拾、贰拾、叁拾的，应在其前加“零”；日为拾壹至拾玖的，应在其前加“壹”。如 3 月 10 日，写法为叁月零壹拾日；再如 2 月 20 日，写法为贰月零贰拾日。

④“库存现金”账户属于资产类账户，从银行提取现金会使“库存现金”账户增加，计入该账户的借方。

⑤“银行存款”账户属于资产类账户，从银行提取现金后使“银行存款”账户减少，计入该账户的贷方。

2. 实操知识点

①支票的填写项目包括出票日期、收款人、金额、用途、出票人开户行、出票人账号。支票正联的出票日期必须使用中文大写，存根联出票日期可用阿拉伯数字书写。

- 收款人名称必须填写全称并与银行印鉴中的单位名称保持一致，如果是本单位到银行提取现金，“收款人”处可以写“本单位”。
- 中文大写金额数字前应标明“人民币”字样，并不得留有空白。阿拉伯小写金额数字前面，均应填写人民币符号“￥”。
- 如实写明用途，支票正联与存根联的用途应该一致。
- 支票必须加盖出票人的财务专用章和法人代表印章后才可以使用。
- 支票签发后，将支票沿存根联与正联之间的裁剪线剪开。

②出纳人员顺着现金支票的存根联与支票联之间的虚线将两者撕开，存根联留存收好，正联交由收款人办理转账，存根联留下作为记账依据。待取回现金后作为原始凭证(图 3-13)，出纳人员将支票联递交给银行柜员，等待提取现金。出纳人员取回现金后进行会计业务核算，登记“库存现金日记账”和“银行存款日记账”。

③会计审核原始凭证后，根据审核无误的原始凭证填制记账凭证，然后将原始凭证附在记账凭证的后面。主管会计审核记账凭证，审核无误后盖章。

[业务 2]：×××月××日，公司开出现金支票一张，提取备用金 1 000 元。原始凭证×××银行现金支票存根如图 3-12 所示。

根据原始凭证图 3-12 填制[业务 2]记账凭证见表 3-2。

3.5.3 购买固定资产的核算

1. 理论知识点

①公司购进打包机，应列为“固定资产”或“周转材料——低值易耗品”核

××× 银行
现金支票存根

支票号码	XII3576802
科　　目	银行存款
对方科目	库存现金
签发日期	2010年1月5日
收款人:	新鑫机械公司
金　额:	1 000.00
用　途:	备用金
备　注	
单位主管: 张庆	会计: 王露

图 3-12　×××银行现金支票存根

表 3-2　[业务 2]记账凭证

记 账 凭 证

2010 年 1 月 5 日　　　　记字第 2 号

摘　要	总账科目	明细科目	✓	借方金额	✓	贷方金额
提取备用金	库存现金			1 000.00		
	银行存款					1 000.00
合　计				¥1 000.00		¥1 000.00

附单据 1 张

财务主管：张庆　　记账：王露　　出纳：张平　　审核：王露　　制单：张平

算，看价值和使用年限，使用年限一年以上，价值较大的列入“固定资产”，反之计入“周转材料——低值易耗品”。

②企业购进固定资产用于非应税项目的，按规定不予抵扣增值税进项税额，应计入购入货物或接受劳务成本中。

③企业购进固定资产用于应税项目的，按规定予抵扣增值税进项税额，抵扣金额以发票金额为准。

④购买固定资产有不需要安装和需要安装两种。购买的固定资产需要安装的计入“在建工程”的借方，完工后，验收合格的借记“固定资产”，贷记“在建工程”。

⑤“固定资产”账户属于资产类账户，购买固定资产使“固定资产”账户增加，计入该账户的借方。同时用于应税项目的，借记“应交税费——应交增值

税(进项税)”。

⑥“在建工程”账户属于资产类账户,购买固定资产后,如果需要安装的,在达到预定可使用状态前使“在建工程”账户增加,计入该账户的借方。达到预定可使用状态之后,按固定资产原值使“固定资产”账户增加,计入借方,“在建工程”账户减少,计入该账户的贷方。

2. 实操知识点

①增值税专用发票是企事业单位、行政部门和个人经济往来中的重要商事凭证,也是销货单位纳税和购货单位抵扣税款的合法证明和依据。增值税专用发票包括基本联次和附加联次。增值税专用发票基本联次介绍见表3-3。

表3-3 增值税专用发票基本联次介绍

第一联	抵扣联	作为购货单位的扣税凭证	最终由购货单位交给税务机关进行抵扣税款
第二联	发票联	作为购货单位的记账凭证	用于购货单位作为购买产品的原始凭证入账
第三联	记账联	是销货单位的记账凭证	用于销货单位作为销售产品的原始凭证入账

②[业务3]中,固定资产用于应税项目的购进货物或者应税劳务等按规定予抵扣增值税进项税额,进项税额为3 000×17%=510(元),作为可以抵扣部分,价税合计为3 000+3 000×17%=3 510(元)。

③会计审核原始凭证,并根据审核无误的原始凭证填制记账凭证。主管会计审核记账凭证,审核无误后并盖章。

④会计根据记账凭证登记固定资产明细账,出纳人员根据记账凭证登记银行存款日记账。

3. 实训资料

(1)购买无需安装的固定资产

[业务3]:××月××日,从森永机电公司购入不需要安装的打包机一台,用于生产车间生产使用。增值税发票显示价款为3 000元,增值税为510元,开出×××银行转账支票一张,支付货款。

原始凭证××市增值税专用发票、商品验收单、支出证明单、×××银行转账支票存根如图3-13、图3-14、图3-15、图3-16所示。

根据原始凭证图3-13、图3-14、图3-15、图3-16填制[业务3]记账凭证见表3-4。

(2)购买需安装的固定资产

[业务4]:××月××日,从红光机械厂购入不需要安装的生产线一条用于生产使用。增值税发票显示价款为2 000 000元,增值税为340 000元,开出转账支票一张,支付货款。原始凭证×××市增值税专用发票、×××银行转账支票存根如图3-17、图3-18所示。

根据原始凭证图3-17、图3-18填制[业务4]记账凭证见表3-5。

XXX市增值税专用发票

抵XXX扣 联

NO 04838848

开票日期：2010年01月11日

购货单位	名称：新鑫机械公司 纳税人识别号：427854530151355 地址、电话：XXX市房山区兴房大街60号 开户行及账号：XXX银行长安里支行 45105867508	密码区	245687478/>+<1248<-< 加密版本：01 *+—457-</148<-22-45 8641516972 *-4-78>879458136845<7+0 14785412 9/92/279>>->98>×1 478131

货物或应税劳务名称	规格型号	单位	数量	单价	金额	税率	税额
打包机					3 000.00	17%	510.00
合　计					￥3 000.00	17%	510.00
价税合计（大写）	叁仟伍佰壹拾元整				（小写）￥3 510.00		

销货单位	名称：森永机电公司 纳税人识别号：420563426735637 地址、电话：XXX市中山路203号 开户行及账号：XXX银行中山支行 42045276341	备注	

收款人：　复核：　单票人：

第一联 抵扣联 购货方抵扣凭证

图3-13 XXX市增值税专用发票

商 品 验 收 单　　编 号N732654

来源 采购　　发票号码 0987654　　2010年1月11日

货号	货名及规格	单位	数量	进货价格		销售		差额	
				单价	金额	单价	金额		
	打包机	台	1	3 000.00	3 000.00				
共　计			1		3 000.00				

财务部门主管：张庆　记账：王露　保管部门：　验收：　制单：

图3-14 商品验收单

支 出 证 明 单

2010年 1月 11 日　　附件共 1 张

支出科目	摘要	万	千	百	十	元	角	分	缺乏正式单据之原因
		金额							
固定资产	打包机		3	5	1	0	0	0	
									转账付讫
合计人民币（大写）：	零万叁仟伍佰壹拾零元零角零分								￥3,510.00

核准：xxx　复核：xxx　证明人：xxx　经手：xxx

图3-15 支出证明单

×××银行
转账支票存根

支票号码　XI3245138
科　　目　银行存款
对方科目　固定资产
签发日期　2010 年 1 月 11 日

收款人：森永机电公司
金额：3 510.00
用途：采购打包机
备注

单位主管：张庆　会计：王露

图 3-16　×××银行转账支票存根

表 3-4　[业务 3]记账凭证

记 账 凭 证

2011 年 01 月 11 日　　　　记字第 3 号

摘　要	总账科目	明细科目	✓	借方金额	✓	贷方金额
采购打包机	固定资产	打包机		3 000.00		
	应交税费	应交增值税(进项税额)		510.00		
	银行存款					3 510.00
合　计				¥3 510.00		¥3 510.00

附单据 4 张

财务主管：张庆　记账：王露　出纳：张平　审核：王露　制单：张平

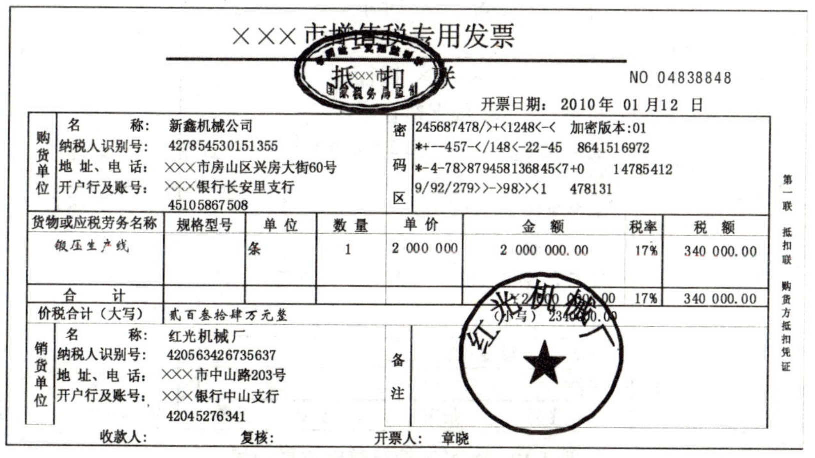

×××市增值税专用发票

抵　扣　联

NO 04838848

开票日期：2010年 01月12 日

购货单位	名称：新鑫机械公司 纳税人识别号：427854530151355 地址、电话：×××市房山区兴房大街60号 开户行及账号：×××银行长安里支行 45105867508	密码区	245687478/>+<1248<-< 加密版本:01 *+--457-</148<-22-45 8641516972 *-4-78>879458136845<7+0 14785412 9/92/279>>->98>><1 478131

货物或应税劳务名称	规格型号	单位	数量	单价	金额	税率	税额
锻压生产线		条	1	2 000 000	2 000 000.00	17%	340 000.00
合　计					¥2[illegible]00	17%	340 000.00
价税合计（大写）	贰百叁拾肆万元整				（小写）234[illegible]0.00		

销货单位	名称：红光机械厂 纳税人识别号：420563426735637 地址、电话：×××市中山路203号 开户行及账号：×××银行中山支行 42045276341	备注	

收款人：　　复核：　　开票人：章晓

第一联　抵扣联　购货方抵扣凭证

图 3-17　×××市增值税专用发票

×××银行

转账支票存根

支票号码　　X II3 2 5 4 5 6

科　　目　　银行存款

对方科目　　在建工程

签发日期　　2010 年　1　月　12　日

收款人:乐天公司
金额:　2 340 000.00
用途:　支付货款
备注

单位主管:　　张庆　　　　会计:　王露

图 3-18　×××银行转账支票存根

表 3-5　[业务 4]记账凭证

记 账 凭 证

2010 年 01 月 25 日　　　　记字第　4　号

摘　要	总账科目	明细科目	✓	借方金额	✓	贷方金额
采购生产线	在建工程	生产线		2 000 000.00		
	应交税费	应交增值税(进项税额)		340 000.00		
	银行存款					2 340 000.00
合　计				¥2 340 000.00		¥2 340 000.00

附单据 2 张

财务主管:张庆　　记账:王露　　出纳:张平　　审核:王露　　制单:张平

[业务 5]:××月××日,从光明公司购入的生产线安装完毕,验收合格,投入生产使用。转账支票支付安装费 5000 元。原始凭证×××银行转账支票、固定资产验收单如图 3-19、图 3-20 所示。

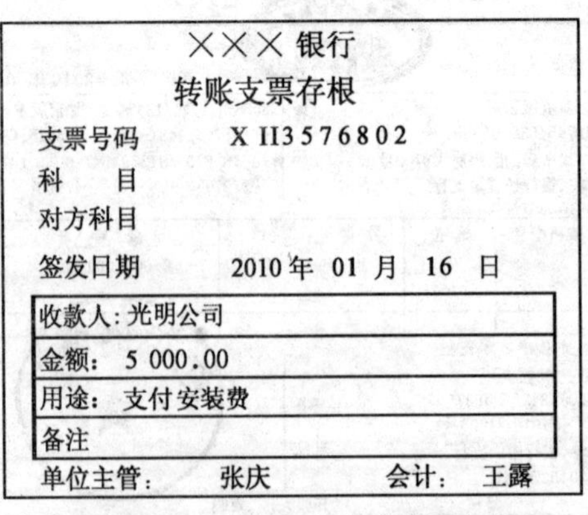

×××银行

转账支票存根

支票号码　　X II3576802

科　　目

对方科目

签发日期　　2010 年　01 月　16　日

收款人:光明公司
金额:　5 000.00
用途:　支付安装费
备注

单位主管:　　张庆　　　　会计:　王露

图 3-19　×××银行转账支票存根

固定资产验收单

No：　　　　　　　　　　　　　　　　　　　　　　　　　　使用单位：

设备名称	生产线	台件		到货日期		采购人	
型号、规格		单价		领用日期		领用人	
粗　检	外包装及仪器外观是否破损					验收结论与意义	
	装箱单、合格证、说明书、附件是否齐全					验收人：	
	其他						
	产品技术说明书要求性能指标		实　测　性　能			对验收结果的意义	
质量性能检测			检测人：			主管领导签字：	
资产管理部门处理意见							

图 3-20　固定资产验收单

根据原始凭证图 3-19、图 3-20 填制[业务 5]记账凭证见表 3-6。

表 3-6　[业务 5]记账凭证

记 账 凭 证

2011 年 01 月 16 日　　　　　　记字第 5 号

摘　要	总账科目	明细科目	✓	借方金额	✓	贷方金额
采购生产线	固定资产	生产线		2 345 000.00		
	在建工程					2 340 000.00
	银行存款					5 000.00
合　计				¥2 345 000.00		¥2 345 000.00

附单据 1 张

财务主管：张庆　　记账：王露　　出纳　　审核：张庆　　制单：王露

3.5.4　购买办公用品的核算

1. 理论知识点

①企业购买办公用品时，报销时一般应先经部门负责人、财务部门负责人审核，企业“财务一支笔”审批，交出纳人员办理报销支付现金或银行存款转账手续。

②企业行政部门购买的办公用品计入“管理费用”。该账户属于损益类账户，企业发生的各种办公费用使“管理费用”账户增加，计入“管理费用”账户的借方。

③“库存现金”账户属于资产类账户，以现金支付各种费用后，使“库存现金”账户减少，应计入该账户的贷方。

2. 实操知识点

①申请购买办公用品的流程为：

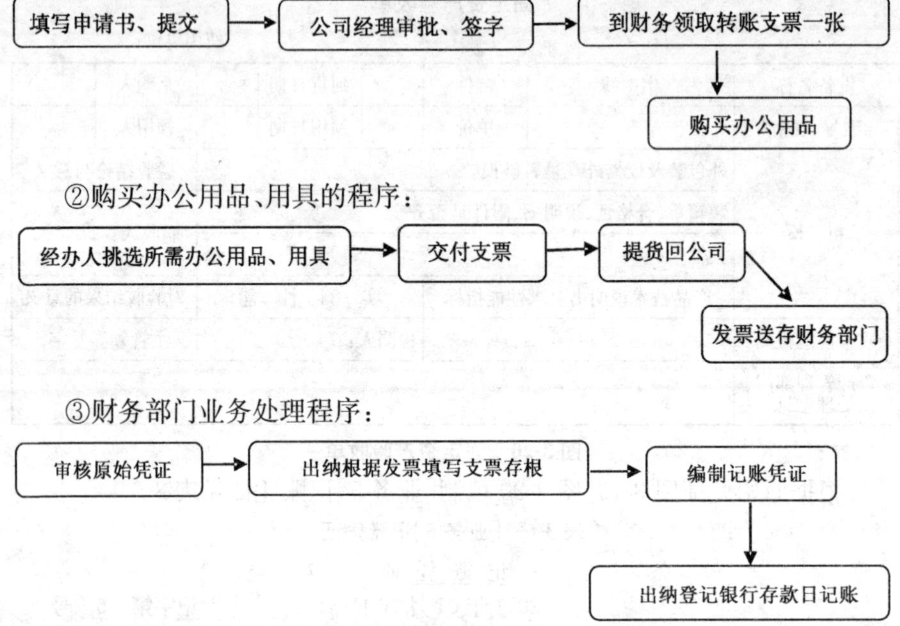

②购买办公用品、用具的程序：

③财务部门业务处理程序：

④会计审核原始凭证，并根据审核无误的原始凭证填制记账凭证。主管会计审核记账凭证，无误后盖章。

⑤出纳人员根据记账凭证登记银行存款日记账。

3. 实训资料

(1)购买办公用品的核算

[业务6]：××月××日，办公室用现金购买办公用品1 000元。原始凭证×××市增值税普通发票支出证明单如图3-21、图3-22所示。

×××市增值税普通发票

×××市 发票联

142010623501

N0 02036895

购方单位：新鑫机械公司　　　　2010年1月11日

品名及规格	货物或劳务名称	单位	数量	单价	金额 万	千	百	十	元	角	分
档案盒		个	50	6.00			3	0	0	0	0
装订机		个	2	210.00			4	2	0	0	0
信笺		本	100	2.80			2	8	0	0	0
金额（大写）　万　壹仟　零佰　零拾　零元　零角　零分 ¥1 000.00											
备注：											

开票单位盖章　　复核人　　收款人　　开票人

②付款方报销凭证

新鑫机械公司 发票专用章

图3-21　×××市增值税普通发票

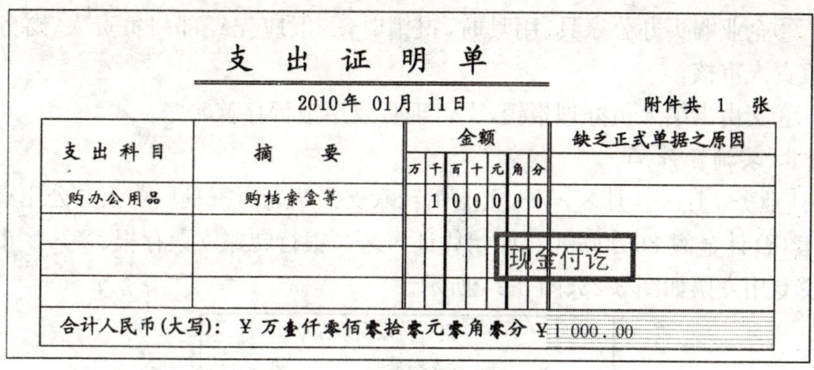

支 出 证 明 单

2010年 01月 11日　　附件共 1 张

支出科目	摘要	金额 万	千	百	十	元	角	分	缺乏正式单据之原因
购办公用品	购档案盒等		1	0	0	0	0	0	
合计人民币(大写): ¥万壹仟零佰零拾零元零角零分 ¥1 000.00									

现金付讫

图 3-22　支出证明单

根据原始凭证图 3-21、图 3-22 填制[业务 6]记账凭证见表 3-17。

表 3-7　[业务 6]记账凭证

记 账 凭 证

2010 年 01 月 11 日　　记字第 6 号

摘　要	总账科目	明细科目	√	借方金额	√	贷方金额
购买办公用品	管理费用	办公用品		1 000.00		
	库存现金					1 000.00
合　计				¥1 000.00		¥1 000.00

附单据 2 张

财务主管：张庆　记账：王露　出纳：张平　审核：王露　制单：张平

3.5.5　购买办公用具的核算

1. 理论知识点

①企业购买办公用具，如办公桌椅、打印机等，属于金额比较大、使用年限为一年以上的，应计入“固定资产”账户的借方；而金额较小、使用年限在一年以下的，应计入“周转材料——低值易耗品”账户的借方。

②“固定资产”账户属于资产类账户。企业购买的各种办公家具时，使固定资产增加，应按固定资产的原始价值计入该账户的借方。

③“银行存款”账户属于资产类账户，以转账形式支付各种办公费用后，使银行存款减少，应计入该账户的贷方。

④会计审核原始凭证，并根据审核无误的原始凭证填制记账凭证。

⑤出纳人员根据记账凭证登记银行存款日记账。

2. 实操知识点

①会计根据记账凭证登记固定资产明细账或低值易耗品明细账。

②企业购买办公家具、用具时，报销时，一般应先经部门负责人、财务部门负责人审核。

③交由出纳人员办理报销，支付现金或用银行存款转账。

3. 实训资料

[业务7]：××月××日，企业用转账支票从光明家具厂购买办公用桌椅80套，合计金额80 000元。原始凭证×××银行转账支票存根、×××市增值税专用发票如图3-23、图3-24所示。

×××银行转账支票存根

支票号码

科　　目　银行存款

对方科目　固定资产

签发日期　2010年1月15日

收款人：
金　　额：80 000.00
用　　途：购买办公家具
备　　注：

单位主管：张庆　会计：王露

图3-23　×××银行转账支票存根

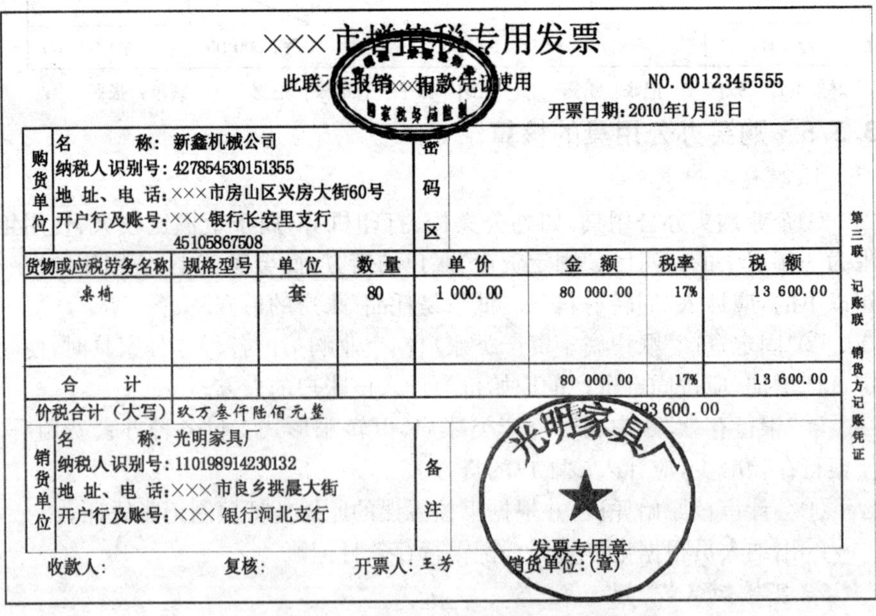

×××市增值税专用发票

此联不作报销、扣款凭证使用　　NO. 0012345555

开票日期：2010年1月15日

购货单位	名　　称：新鑫机械公司 纳税人识别号：427854530151355 地 址、电 话：×××市房山区兴房大街60号 开户行及账号：×××银行长安里支行 45105867508	密码区	

货物或应税劳务名称	规格型号	单位	数量	单价	金额	税率	税额
桌椅		套	80	1 000.00	80 000.00	17%	13 600.00
合　　计					80 000.00	17%	13 600.00
价税合计（大写）	玖万叁仟陆佰元整				93 600.00		

销货单位	名　　称：光明家具厂 纳税人识别号：110198914230132 地 址、电 话：×××市良乡拱晨大街 开户行及账号：××× 银行河北支行	备注	光明家具厂 发票专用章

收款人：　　复核：　　开票人：王芳　　销货单位：(章)

第三联 记账联 销货方记账凭证

图3-24　×××市增值税专用发票

根据原始凭证图 3-23、图 3-24 填制[业务 7]记账凭证见表 3-8。

表 3-8 [业务 7]记账凭证

记 账 凭 证

2010 年 01 月 15 日 记字第 7 号

摘 要	总账科目	明细科目	√	借方金额	√	贷方金额
购买办公用具	固定资产	办公桌椅		80 000.00		
	应交税费	应交增值税(进项税额)		13 600.00		
	银行存款					93 600.00
合 计				¥93 600.00		¥93 600.00

附单据 2 张

财务主管：张庆 记账：王露 出纳：张平 审核：王露 制单：张平

3.5.6 购进商品的核算

1. 理论知识点

①增值税专用发票的抵扣联是作为一般纳税人在增值税纳税申报时用于抵扣销项税额的凭证。该凭证在会计制单时不作为记账依据，应当单独保管。

②商业汇票分为商业承兑汇票和银行承兑汇票。

③"原材料"账户属于资产类账户。企业购进各种材料时，使"原材料"账户增加，计入该账户的借方。对于一般纳税人，可以作为抵扣栏，抵扣应交税费——应交增值税(进项税额)。

④"其他货币资金"账户属于资产类账户，以其他货币资金支付各种开办费用后，使"其他货币资金"账户减少，计入该账户的贷方。

2. 实操知识点

①资产物资会计审核原始凭证，并根据审核无误的原始凭证填制记账凭证，财务主管审核记账凭证，会计根据记账凭证登记原材料明细账。

②税务业务核算会计根据记账凭证登记应交税费——应交增值税明细账。

③负责往来核算会计根据记账凭证登记应付票据明细账。

3. 实训资料

[业务 8]：××月××日，向×××电子厂购入材料一批，价款 10 000 元，增值税 1 700 元，材料验收入库，开出一张 6 个月的商业承兑汇票。原始凭证×××市增值税专用发票、×××银行银行汇票收料单如图 3-25、图 3-26、图 3-27 所示。

根据图 3-25、图 3-26、图 3-27 填制[业务 8]记账凭证见表 3-9。

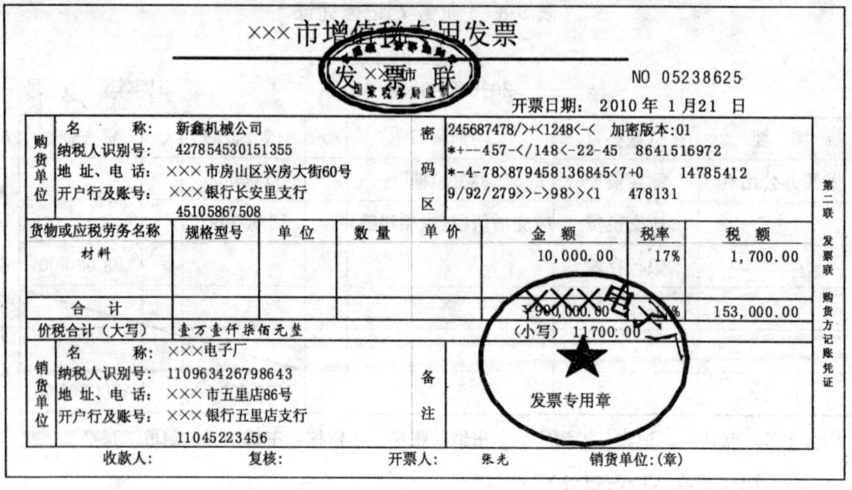

×××市增值税专用发票

发票联

NO 05238625

开票日期：2010 年 1 月21 日

购货单位	名称：新鑫机械公司 纳税人识别号：427854530151355 地址、电话：×××市房山区兴房大街60号 开户行及账号：×××银行长安里支行 45105867508	密码区	245687478/>+<1248<-< 加密版本:01 *+--457-</148<-22-45 8641516972 *-4-78>879458136845<7+0 14785412 9/92/279>>->98>><1 478131

货物或应税劳务名称	规格型号	单位	数量	单价	金额	税率	税额
材料					10,000.00	17%	1,700.00
合计					¥900,000.00	17%	153,000.00
价税合计（大写）	壹万壹仟柒佰元整				（小写）11700.00		

销货单位	名称：×××电子厂 纳税人识别号：110963426798643 地址、电话：×××市五里店86号 开户行及账号：×××银行五里店支行 11045223456	备注	×××电子厂 发票专用章

收款人：　复核：　开票人：张光　销货单位:（章）

第二联 发票联 购货方记账凭证

图 3-25　×××市增值税专用发票

付款期限 陆个月

×××银行

银行汇票（多余款收账通知）4

汇票号码 第 X01213 号

出票日期（大写）贰零壹零年 年 零壹 月 贰拾壹 日　代理付款行：长安里支行　行号：6354812

收款人：新鑫机械公司

出票金额 人民币（大写）壹万壹仟柒佰元整

实际结算金额	人民币（大写）	壹万壹仟柒佰元整	千	百	十	万	千	百	十	元	角	分
					¥	1	1	7	0	0	0	0

申请人：　账号或住址：

出票行：　行号：

备注：

出票行盖章　年　月　日

密押

多余金额

千	百	十	万	千	百	十	元	角	分
		¥	1	2	5	0	0	0	0

左列退回多余金额已收入你账户内

×××行永安西里支行 业务专用章

账务主管：　复核：　经办：

此联出票行结清多余款后交申请人

图 3-26　×××银行银行汇票

收　料　单

收料部门：仓库　2010 年 01月 21日　专字　第　号

种类	编号	名称	规格	数量	单位	单价	成本总额 千	百	十	万	千	百	十	元	角	分
材料										1	0	0	0	0	0	0
备注									¥	1	0	0	0	0	0	0

第三联 财务记账

负责人：　记账：　验收：　填单：

图 3-27　收料单

表 3-9 [业务 8]记账凭证

记 账 凭 证

2010 年 01 月 21 日 字第 8 号

摘 要	总账科目	明细科目	借方金额	贷方金额
购买材料	原材料		10 000.00	
	应交税费	应交增值税(进项税额)	1 700.00	
	其他货币资金	银行汇票存款		11 700.00
合 计			¥11 700.00	¥11 700.00

附单据 4 张

财务主管：张庆 记账：王露 出纳： 审核：张庆 制单：王露

3.5.7 出差人员借款的核算

1. 理论知识点

①预借的差旅费计入“其他应收款”账户。该账户属于资产类账户，发生时，“其他应收款”账户增加，计入该账户的借方。出差借款、报销的会计分录如图 3-28 所示。

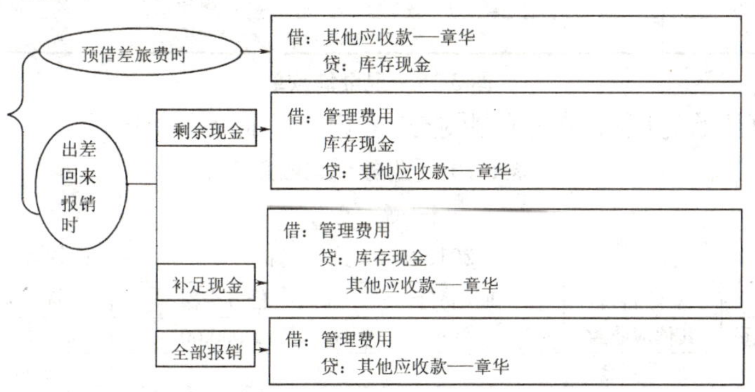

图 3-28 出差借款、报销的会计分录

②“库存现金”账户属于资产类账户，以现金支付各种开办费用后，使“库存现金”账户减少，计入该账户的贷方。

③企业借支业务一般首先由借款人填写借款单，经主管部门负责人和企业财务主管审批签字，最后由出纳人员根据借款金额向借款人支付现金。

2. 实操知识点

①资金核算会计审核原始凭证，根据审核无误的原始凭证填制记账凭证。财务主管审核记账凭证。

②资金核算会计根据记账凭证登记其他应收款明细账。

③出纳人员根据记账凭证登记库存现金日记账。

④差旅费报销单是根据出差人员在外出途中取得的允许在费用中开支的各项原始凭证汇总填制的。

⑤凭证附件的处理。对于纸张面积大于记账凭证的原始凭证，可按记账凭证的面积尺寸进行折叠，注意应把凭证的左上角或左侧面让出来，以便装订后还可以展开查阅。

对于纸张面积过小的原始凭证，一般不能直接装订，可先按一定次序和类别排列，再粘在一张同记账凭证大小相同的纸上，小票应分张排列，同类同金额的单据尽量粘在一起，同时应在一旁注明张数和合计金额。

3. 实训资料

[业务 9]：××月××日，公司行政科章华因公出差预借差旅费，向财务部门预借 1 000 元，以现金支付。原始凭证现金借款单如图 3-29 所示。

现 金 借 款 单

日期：2010 年 01 月 17 日

部门名称	行政科	借款人	章华							
借款用途	因公出差									
借款金额(大写)	壹仟元整		拾	万	仟	佰	拾	元	角	分
				￥	1	0	0	0	0	0
部门负责人		主管领导								
财务处										

图 3-29　现金借款单

根据原始凭证图 3-29 填制[业务 9]记账凭证见表 3-10。

表 3-10　[业务 9]记账凭证

记 账 凭 证

2010 年 01 月 17 日　　　　记字第 9 号

摘　要	总账科目	明细科目		借方金额		贷方金额
预借差旅费	其他应收款	章华		1 000.00		
	库存现金					1 000.00
合　计				￥1 000.00		￥1 000.00

附单据 1 张

财务主管　张庆　　记账　王露　　出纳　张平　　审核　王露　　制单　张平

3.5.8　报销出差人员差旅费的核算

1. 理论知识点

①报销时，将票据粘好，主管领导签字，到出纳处报销。

②报销时，不同部门计入不同的费用，属于行政部门计入“管理费用”，属于销售部门计入“销售费用”。

③余款退回，不足部分补付。

2. 实操知识点

①收入、费用、利润核算会计审核原始凭证，并根据审核无误的原始凭证（车票等）填制记账凭证，财务主管审核记账凭证。

②会计根据记账凭证登记管理费用明细账。

③出纳人员根据记账凭证登记银行存款日记账。

3. 实训资料

[业务 10]：××月××日．职员章华出差回来，报销差旅费 1 500 元，并结算借款。原始凭证差旅费报销单、收款收据如图 3-30、图 3-31 所示。

差 旅 费 报 销 单

2010 年 1 月 27日　　　　单据张数 6 张

姓名：章华　　　　部门：行政科　　　　出差事由：　出差

起止日期				起止地点	火车费	市内车费	住宿费	途中伙食补助			住勤费		其他
月	日	月	日					标准	天数	金额	天数	金额	
				武汉—北京	126.00	141.00	450.00	60.00	5	300.00	5	350.00	
				北京 一 武汉	126.00								
合 计					252.00	141.00	450.00	60.00	5	300.00	5	350.00	
人民币（大写） 壹仟伍百元整								应退（补）：/					

审核：　　　　部门主旨：　　　　财务主旨：张庆

图 3-30　差旅费报销单

收　款　收　据

2010 年　1 月　27 日　　编号：　158792

交款人（单位）	章华							
摘　要	报销差旅费用							
金额（大写）	人民币壹仟五佰元整	万	千	百	十	元	角	分
		¥	1	5	0	0	0	0

主管：张庆　　　　会计：王露　　　　出纳：张平

图 3-31　收款收据

根据原始凭证图 3-30、图 3-31 填制[业务 10]记账凭证见表 3-11。

表 3-11　[业务 10]记账凭证

记 账 凭 证

2010 年 01 月 25 日　　　　记字第　10　号

摘　要	总账科目	明细科目	借方金额	贷方金额
报销差旅费	管理费用	差旅费	1 500.00	
	其他应收款	章华		1 500.00
合　计			¥1 500.00	¥1 500.00

附单据 2 张

财务主管：张庆　　记账：王露　　出纳：　　审核：张庆　　制单：王露

3.5.9 办理银行汇票到异地购买汽车的核算

1. 理论知识点

①公司作为银行汇票持票人(收款人)应将出票人交来的第二联银行汇票和第三联解讫通知转到公司的开户银行(代理付款行),填制二联式进账单办理进账手续。

②代理付款行接到在本行开立账户的持票人直接交来的汇票、解讫通知和二联进账单时,经审查后,将第一联进账单上加盖转讫章作为收账通知交给持票人,解讫通知加盖转讫章随联行借方报单寄给出票行。

③银行汇票、银行本票属于"其他货币资金"的二级科目,通过银行转账存入款项时,借记"其他货币资金——银行汇票存款(或银行本票)"。

2. 实操知识点

①收入、费用、利润核算会计审核原始凭证,并根据审核无误的原始凭证填制记账凭证,财务主管审核记账凭证。

②出纳人员根据记账凭证登记银行存款日记账,会计根据记账凭证登记主营业务收入明细账。

③税务会计登记应交税费——应交增值税明细账。

3. 实训资料

[业务 11]:××月××日,公司用银行汇票到天津大华公司购买汽车一辆,价款为 180 000 元,增值税为 30 600 元,款项用银行汇票支付。原始凭证×××市增值税专用发票、×××银行银行汇票、×××银行进账单如图 3-32、图 3-33、图 3-34 所示。

×××市增值税专用发票

抵扣联

NO 04838848

开票日期：2010年1月20 日

购货单位	名称：新鑫机械公司 纳税人识别号：427854530151355 地址、电话：×××市房山区兴房大街60号 开户行及账号：×××银行长安里支行 45105867508				密码区	245687478/>+<1248<-< 加密版本:01 *+—457-</148<-22-45 8641516972 *-4-78>879458136845<7+0 14785412 9/92/279>>->98>><1 478131		
货物或应税劳务名称	规格型号	单位	数量	单价		金额	税率	税额
汽车						180 000.00	17%	30 600.00
合计						¥180 000.00	17%	30 600.00
价税合计（大写）	贰拾叁万零仟陆佰零元整					（小写）230 600.00		
销货单位	名称：大华公司 纳税人识别号：560563426789765 地址、电话：天津市河东区萧山路35号 开户行及账号：×××银行萧山支行56045276291				备注	大华公司 发票专用章		

收款人：　　复核：　　开票人：

第三联 抵扣联 购货方抵扣凭证

图 3-32 ×××市增值税专用发票

×××银行

付款期限 壹个月

银行汇票　2　汇票号码25789

第 3 号

出票日期（大写）	贰零壹零年零壹月零贰拾日	代理付款行：建行青年路支行	行号：21035021568
收款人：	大华公司	账号：	
出票金额	人民币（大写） 贰拾叁万零仟陆佰零元整		
实际结算金额	人民币（大写） 贰拾叁万零仟陆佰零元整	千百十万千百十元角分	¥23060000

申请人：新鑫机械公司　　账号或住址：11056236254

出票行：×××银行学院路支行　行号：

备注：

凭票付款

出票行签章

密押	科目（借）
多余金额	对方科目（贷）
千百十万千百十元角分	兑付日期　年　月　日
	复核　记账

图 3-33　×××银行银行汇票

×××银行 进账单（回单）　1

2010年 01 月20日　　第　号

签发人	全称	新鑫机械公司	收款人	全称	大华公司
	账号			账号	
	开户银行	建行学院路支行		开户银行	×××银行长安里支行
人民币（大写）	贰拾叁万零仟陆佰零元整			千百十万千百十元角分	京支行 ¥23060000
票据种类	银行汇票	票据张数	1张		
票据号码	NI34564				

单位主管：　会计：　复核：　记账：

此联出票人开户银行交给出票人的回单

图 3-34　×××银行进账单

根据原始凭证图 3-32、图 3-33、图 3-34 填制[业务 11]记账凭证见表 3-12。

表 3-12　[业务 11]记账凭证

记 账 凭 证

2010 年 01 月 25 日　　记字第 1 号

摘　要	总账科目	明细科目	√	借方金额	√	贷方金额
购买汽车一辆	固定资产	汽车		180 000.00		
	应交税费——应交增值税（进项税额）			30 600.00		
	其他货币资金——银行汇票					230 600.00
合　计				¥230 600.00		¥230 600.00

附单据 3 张

财务主管：张庆　　记账：王露　　出纳：张平　　审核：王露　　制单：张平

3.5.10 向银行借款的核算

1. 理论知识点

①向银行借款是小企业负债资金筹集的主要方式。企业的借款可以划分为短期借款和长期借款。划分短期借款和长期借款的标准是偿还时间,以一年为界限,在一年内偿还的属于短期借款,超过一年偿还的属于长期借款。

②短期借款是指企业向银行或其他金融机构借入的期限在一年(含一年)以下的各种借款,是企业的一项流动负债,设置"短期借款"账户。该账户属于负债类,用于登记短期借款的本金,不登记短期借款的利息。贷方登记借入的短期借款的本金,借方登记归还的短期借款的金额,期末余额在贷方,反映尚未归还的短期借款。预提的短期借款利息计入"应付利息",给付银行后再予冲销。

计提短期借款的利息时,如果是到期一次付息或按一定的期限付息,应按权责发生制原则按月计提利息。因为利息无论有无支付,只要属于当月,就应确认为当期费用,计入当期损益。

③发生短期借款时涉及的会计分录有:

借入款项时,借:银行存款,
　　　　　　　贷:短期借款
计提利息时,借:财务费用
　　　　　　　贷:应付利息
支付已计提的利息时,借:应付利息
　　　　　　　　　　　贷:银行存款
利息金额较小、不计提的,于实际支付时,借:财务费用
　　　　　　　　　　　　　　　　　　　　贷:银行存款
归还本金时,借:短期借款
　　　　　　　贷:银行存款

④长期借款是企业向银行或其他金融机构借入的偿还期在一年以上(不含一年)的各种借款,是企业的一项长期负债。

长期借款的利息应按权责发生制原则按期计提。通常长期借款的利息应计入当期财务费用。但为购建固定资产而借入的专门借款,所发生的利息在所购建的固定资产达到预定可使用状态之前发生的,应当在发生时予以资本化,计入相应的固定资产成本;在所购建的固定资产达到预定可使用状态之后发生的,应当于发生当期确认为财务费用。

⑤发生长期借款时涉及的会计分录有:

取得长期借款时，借：银行存款

贷：长期借款

计提利息时，借：财务费用（所购建的固定资产达到预定可使用状态之后发生的）

在建工程（所购建的固定资产达到预定可使用状态之前发生的）

贷：应付利息

到期归还长期借款的本金和利息时，借：长期借款

应付利息

贷：银行存款

2. 实操知识点

①公司向银行借款时，必须经董事会讨论通过，并签字盖章。

②负责资金业务核算的会计要审核原始凭证，并根据审核无误的原始凭证填制记账凭证，送交财务主管审核记账凭证，审核无误后签名盖章。

③出纳人员根据审核无误后的记账凭证登记银行存款日记账，资金会计登记短期借款明细账及应付利息明细账。

3. 实训资料

[业务 12]：××月××日，从×××银行取得一笔期限为 6 个月、月利率为 6‰的流动资金借款 500 000 元，已划入企业的一般存款账户中。原始凭证为董事会决议，贷款凭证，如图 3-35、图 3-36 所示。

董事会决议

公司于 2010 年 12 月 30 日召开董事会议，公司高层管理人员列席了会议。经与会董事审议，批准了公司关于向××× 银行申请流动资金借款的议案。

决定向×××银行申请借款 50 万元人民币，用于公司的生产经营，期限

新鑫机械公司董事会
2010 年 12 月 30 日

图 3-35　董事会决议

贷款凭证 (3)（收账通知）

2010 年 01 月 22 日

贷款单位	新鑫机械公司	种类	短期	贷款记账号	×××银行西路支行876590655081002									
金额	人民币（大写）伍拾万元整				千	百	十	万	千	百	十	元	角	分
						￥	5	0	0	0	0	0	0	0
用途	流动资金		单位申请期限		自2010年1月22日起至2010年7月22日									
			银行核定期限		自2010年1月22日起至2010年7月22日									
上述贷款已核准发布，并已划入你单位账号。 月利率：0.6%。　　2006年6月2日					单位会计分录 收入 付出 复核：　记账： 主管：　会计：									

图 3-36　贷款凭证

根据原始凭证图 3-35、图 3-36 填制[业务 12]记账凭证见表 3-13。

表 3-13　[业务 12]记账凭证

记 账 凭 证

2010 年 01 月 25 日　　　　记字第 12 号

摘　要	总账科目	明细科目	√	借方金额	√	贷方金额
取得借款	银行存款			500 000.00		
	短期借款	流动资金借款				500 000.00
合　计				￥500 000.00		￥500 000.00

附单据 2 张

财务主管：张庆　　记账：王露　　出纳：张平　　审核：王露　　制单：张平

3.5.11　将银行汇票中多余款项退回的核算

1. 理论知识点

①银行汇票存款是指企业为取得银行汇票、按照规定存入银行的款项。将款项交存银行申请汇票时，借记“其他货币资金——银行汇票存款”科目，贷记“银行存款”科目。

用汇票购买材料办理结算时，借记“材料采购”(“在途物资”等)、“应交税费——应交增值税进项税额”科目，贷记“其他货币资金——银行汇票存款”科目。

结算后余额退回时，借记“银行存款”科目，贷记“其他货币资金——银行汇票存款”科目。

②银行汇票的付款期限为 1 个月，其特点是由银行签发，见票即付。

2. 实操知识点

①会计将银行的对账单入账，编制记账凭证，财务主管审核记账凭证，无

误后签字盖章。

②出纳人员填制银行存款日记账和其他货币资金明细账。

3. 实训资料

[业务 13]：××月××日，公司收到银行发来的对账单，退回银行汇票剩余款项 600 元。原始凭证×××银行银行汇票(多余款收账通知)如图 3-37 所示。

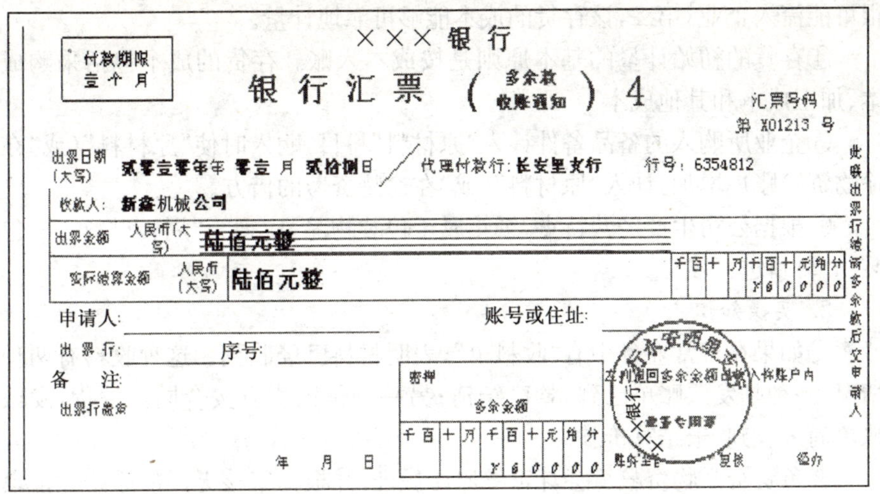

×××银行

付款期限 壹个月

银行汇票（多余款收账通知）4

汇票号码 第 X01213 号

出票日期（大写）贰零壹零年 零壹 月 贰拾捌日　代理付款行：长安里支行　行号：6354812

收款人：新鑫机械公司

出票金额 人民币（大写）陆佰元整

实际结算金额 人民币（大写）陆佰元整　¥600.00

申请人：　账号或住址：

出票行：　序号：

备注：

出票行盖章

年　月　日

密押

多余金额 ¥600.00

左列退回多余金额已收入你账户内

财务主管　复核　经办

此联出票行结清多余款后交申请人

图 3-37　×××银行银行汇票(多余款收账通知)

根据原始凭证图 3-37 填制[业务 13]记账凭证见表 3-14。

表 3-14　[业务 13]记账凭证

记 账 凭 证

2010 年 01 月 28 日　　　　记字第 13 号

摘　要	总账科目	明细科目	√	借方金额	√	贷方金额
收到汇票余款	银行存款			600.00		
	其他货币资金	银行汇票存款				600.00
合　计				¥600.00		¥600.00

附单据 1 张

财务主管：张庆　记账：王露　出纳：张平　审核：王露　制单：张平

3.5.12　购进存货并验收入库的核算

1. 理论知识点

①企业持有存货的最终目的是为了出售(不论是可直接出售还是需经过进一步加工后才能出售)而不是自用或消耗。

②根据存货的定义，周转材料（如办公用具等）从性质上属于劳动手段，其价值通过使用逐渐发生转移，但为了便于对其核算和管理，并结合我国长期以来形成的事务经验，将其纳入存货管理。

③企业的任何一项资产，如果要作为存货入账，首先要符合资产定义，同时还需要满足以下两个条件时，才能加以确认：第一，该存货包含的经济利益很可能流入企业；第二，该存货的成本能够可靠地计量。

④存货的初始计量的基本原则是按成本入账。存货的成本包括采购成本、加工成本和其他成本。

⑤企业所购入的备品备件计入“原材料”科目，购入时使“原材料”（或“在途物资”）账户增加，计入“原材料”（或“在途物资”）的借方。

⑥根据公司生产经营特点，纸箱属于包装物品，应列为“周转材料——包装物”科目进行核算。

2. 实操知识点

①如果在日常业务中有“收料单”，表明材料已经收到。这种收料有两种情况：一种是发票账单已到，款已结清；另一种是销货方按合同先发货，发票账单尚未收到，未结算价款。

②负责资产物资核算会计审核原始凭证，并根据审核无误的原始凭证填制记账凭证，送交财务主管审核记账凭证，审核无误后签字盖章。

③出纳人员根据审核后的记账凭证登记其他货币资金明细账、银行存款日记账等。

④资产会计根据记账凭证登记“在途物资”、“原材料”“周转材料”明细账。税务会计登记“应交税费——应交增值税（进项税额）”明细账。

3. 实训资料

[业务 14]：××月××日，上月所购货物到达并验收入库，所购货物有：A 备品 2 000 台，单价 250 元；B 备件 1 000 件，单价 100 元。收料单如图 3-38 所示。

收　　料　　单

收料部门：仓库　　2010 年 1 月28日　　收字　第 5 号

种类	编号	名称	规格	数量	单位	单价	成本总额									
							千	百	十	万	千	百	十	元	角	分
材料	001	A 备品	Ze01	2 000	台	250.00			5	0	0	0	0	0	0	0
材料	002	B 备件	TZ01	2 000	台	100.00			1	0	0	0	0	0	0	0
备注								¥	6	0	0	0	0	0	0	0

第三联　财务记账

负责人：张庆　　记账：　　验收：　　填单：

图 3-38　收料单

根据原始凭证为收料单图 3-38，编制[业务 14]记账凭证见表 3-15。

表 3-15　[业务 14]记账凭证

记账凭证

2010 年 01 月 26 日　　记字第 14 号

摘要	总账科目	明细科目	√	借方金额	√	贷方金额
材料验收入库	原材料	备品 A		500 000.00		
	原材料	备件 B		100 000.00		
	在途物资					600 000.00
合计				¥600 000.00		¥600 000.00

附单据 1 张

财务主管：张庆　记账：王露　出纳：　审核：张庆　制单：王露

[业务 15]：××月××日，公司从×××纸箱厂购入用于包装产品的纸箱 1 000 个，单价 8 元，开出转账支票一张，支付货款。原始凭证为收料单、×××市增值税专用发票、×××银行转账支票存根如图 3-39、图 3-40、图 3-41 所示。

收料单

收料部门：仓库　2010 年 1月25日　专字 第 5 号

种类	编号	名称	规格	数量	单位	单价	千	百	十	万	千	百	十	元	角	分
							成本总额									
周转材料		纸箱		1000	个	8.00					8	0	0	0	0	0
备注：										¥	8	0	0	0	0	0

第三联 财务记账

负责人：　记账：　验收：　填单：

图 3-39　收料单

×××市增值税专用发票

发　票 联　　NO 04263848

开票日期：2010 年1月25 日

购货单位	名称：新鑫机械公司 纳税人识别号：43674228781 地址、电话：×××市房山区关房大街 60 号 开户行及账号：×××银行长安西里支行 45105867508			密码区	112347435/>+<1248< <　加密版本:01 *+--458-</128<-26-48　26516169 *-3-35>36541813254 3<5+0　155 9/02/203>> ->38>><1　378131		
货物或应税劳务名称	规格型号	单位	数量	单价	金额	税率	税额
纸盒	900	毫米	1000	8	8 000.00	17%	1 360.00
合计					[illegible]	17%	1 360.00
价税合计（大写）	玖任叁佰陆合元整				[illegible]		
销货单位	名称：×××纸盒厂 纳税人识别号：428313426724666 地址、电话：×××市南京路 36 号 开户行及账号：×××银行南京支行 43043232346			备注	发票专用章		

收款人：　复核：　开票人：　销货单位：（章）

图 3-40　×××市增值税专用发票

×××银行

转账支票存根

支票号码
科　　目　银行存款
对方科目　周转材料
签发日期　2010年　月25日

收款人：×××纸箱厂
金额：8 000.00
用途：支付购料款
备注

单位主管：张庆　　会计：王露

图3-41　×××银行转账支票存根

根据原始凭证图3-39、图3-40、图3-41，编制[业务15]，记账凭证见表3-16。

表3-16　[业务15]记账凭证

记 账 凭 证

2010年01月25日　　　　记字第 15 号

摘　要	总账科目	明细科目	√	借方金额	√	贷方金额
材料验收入库	周转材料	包装物		800 000.00		
	银行存款					800 000.00
合　计				¥800 000.00		¥800 000.00

附单据3张

财务主管：张庆　记账：王露　出纳：　审核：张庆　制单：王露

3.5.13　购进存货的核算

1. 理论知识点

①存货是指企业在日常活动中持有以备出售的库存商品或处在生产过程中的在产品、在生产过程或提供劳务过程中耗用的材料和物料等。存货包括各类原材料、在产品、半成品、库存商品以及周转材料(含包装物、低值易耗品)等。存货属于企业的流动资产。

②购进存货验收入库时，借方计入“原材料”科目，是一般纳税人的借方计入“应交税费——应交增值税”科目。款未付的贷方计入“应付账款”科目。“应付账款”属于负债类科目，发生时，计入该科目的贷方，偿付后，计入该科目的借方。

③如果给付的是一张商业汇票，属于款未付，贷方计入“应付票据”科目。“应付票据”属于负债类科目，发生时，计入该科目的贷方，偿付后，记入科目借方。还可以计入“预付账款”、“其他货币资金”等科目。

2. 实操知识点

①会计根据审核无误的原始凭证登记记账凭证，会计主管审核记账凭证，无误后签字盖章。

②资产会计根据记账凭证登记“原材料”、“应交增值税”明细账。

③会计登记原材料总账和应交税费总分类账。

3. 实训资料

[业务16]：从×××电子厂购入材料一批，取得的增值税发票中显示的价值为300 000元，增值税率17%，材料验收入库，款未付。原始凭证×××市增值税专用发票如图3-42所示。

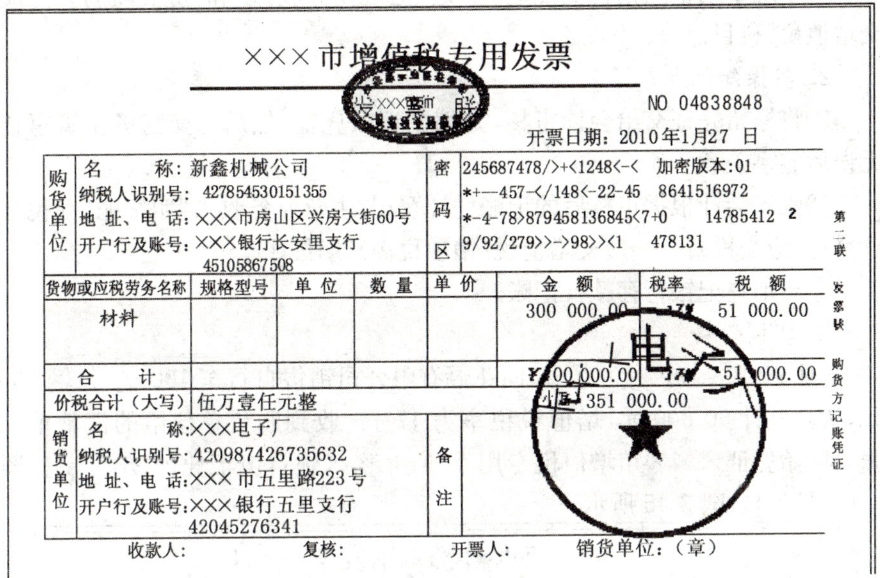

×××市增值税专用发票

发票联

NO 04838848

开票日期：2010年1月27日

购货单位	名　　称：新鑫机械公司 纳税人识别号：427854530151355 地 址、电 话：×××市房山区兴房大街60号 开户行及账号：×××银行长安里支行 45105867508			密码区	245687478/>+<1248<-< 加密版本:01 *+—457-</148<-22-45 8641516972 *-4-78>879458136845<7+0 14785412 2 9/92/279>>->98>><1 478131		
货物或应税劳务名称	规格型号	单位	数量	单价	金额	税率	税额
材料					300 000.00	17%	51 000.00
合　　计					¥300 000.00	17%	51 000.00
价税合计（大写）	伍万壹任元整				（小写）351 000.00		
销货单位	名　　称：×××电子厂 纳税人识别号：420987426735632 地 址、电 话：×××市五里路223号 开户行及账号：×××银行五里支行 42045276341			备注			

收款人：　　复核：　　开票人：　　销货单位：（章）

第二联 发票联 购货方记账凭证

图3-42 ×××市增值税专用发票

根据原始凭证图3-40填制[业务16]记账凭证见表3-17所示。

表3-17 [业务16]记账凭证

记 账 凭 证

2010年01月28日　　　　记字第 16 号

摘　要	总账科目	明细科目	√	借方金额	√	贷方金额
购料，款未付	原材料			300 000.00		
	应交税费	应交增值税（进项税额）		51 000.00		
	应付账款	×××电子厂				351 000.00
合　计				¥351 000.00		¥351 000.00

附单据1张

财务主管：张庆　记账：王露　出纳：　审核：张庆　制单：王露

3.5.14 销售库存商品的核算

1. 理论知识点

①库存商品是指生产加工完毕、验收入库的商品。“库存商品”科目增加计入借方，减少计入贷方，期末余额在借方。

②电汇收账通知表明购货方是采用汇兑结算方式付款，货款已划入本企业的银行存款账户中。

③销售商品取得的收入计入“主营业务收入”和“应交税费——应交增值税（销项税额）”科目的贷方。

④小规模纳税人销售商品时，贷记“主营业务收入”和“应交税费——应交增值税”科目。

2. 实操知识点

①将原始凭证交给会计审核，并编制记账凭证，然后送交财务主管审核无误后签字盖章。

②收入会计根据审核后的记账凭证登记“主营业务收入”明细账，涉税会计登记“应交税费——应交增值税（销项税额）”明细账。

③出纳登记银行存款日记账。

3. 实训资料

［业务 17］：××月××日，向花冠有限公司销售自行车 100 辆，每辆 500 元，货款共计 50 000 元，增值税税率为 17%。收到购货单位给的汇款单一张。原始凭证×××市增值税专用发票、×××银行电汇凭证、出库单如图 3-43、图 3-44、图 3-45 所示。

×××市增值税专用发票

此联不作报销×××扣款凭证使用　　　NO.101785325

开票日期：2010年1月27日

购货单位	名　　称：花冠有限责任公司 纳税人识别号：110105987624112 地 址、电 话：×××市虎房路3号87674529 开户行及账号：×××银行西城支行 622363713	密码区	458687478/>+<1248<-<　加密版本:01 *+--457-</148<-22-45　4589216972 *-3-65>879458136845<7+0　12455412 8/56/145>>->98>><1　478131

货物或应税劳务名称	规格型号	单位	数量	单价	金额	税率	税额
自行车		辆	100	500	500 000.00	17%	8 500.00
合　　计					50 000.00	17%	8 500.00
价税合计（大写）	伍万捌仟伍佰元整				（小写）￥58 500.00		

销货单位	名　　称：新鑫机械公司 纳税人识别号：427854530151355 地 址、电 话：×××市房山区兴房大街60号 开户行及账号：×××银行永安西里支行 45105867508	备注	

收款人：　　　复核：　　　开票人：　　销货单位：(章)

图 3-43　×××市增值税专用发票

××× 银行　电汇凭证（收账通知 或取款收据）　41　第　号

委托日期 2010年1月27日　应解汇款编号

<table>
<tr><td rowspan="3">汇款人</td><td>全称</td><td>花冠有限责任公司</td><td rowspan="3">收款人</td><td>全称</td><td colspan="11">新鑫机械公司</td></tr>
<tr><td>账号</td><td>46015945132</td><td>账号</td><td colspan="11">81451058675081002</td></tr>
<tr><td>汇出地点</td><td>×××市虎房路3号</td><td>汇入地点</td><td colspan="11">新鑫机械公司 市/县</td></tr>
<tr><td colspan="2">汇出行名称</td><td>×××银行通州支行</td><td colspan="2">汇入行名称</td><td colspan="11">×××银行永安西里支行</td></tr>
<tr><td rowspan="2">金额</td><td rowspan="2">人民币（大写）</td><td colspan="3" rowspan="2">伍万捌仟伍佰元整</td><td>亿</td><td>千</td><td>百</td><td>十</td><td>万</td><td>千</td><td>百</td><td>十</td><td>元</td><td>角</td><td>分</td></tr>
<tr><td></td><td></td><td></td><td>¥</td><td>5</td><td>8</td><td>5</td><td>0</td><td>0</td><td>0</td><td>0</td></tr>
<tr><td colspan="3">汇款用途：劳务费 如需加急，请在括号内注明（ ）</td><td colspan="2">支付密码</td><td colspan="11"></td></tr>
<tr><td colspan="3">×××银行通州支行 业务专用章
汇出行签章</td><td colspan="13">附加信息及用途：
复核：　记账：</td></tr>
</table>

图 3-44　×××银行电汇凭证

出　库　单

发货仓库　第　号

提货单位：　2010年1月27日

类别	编号	名称 型号	单位	应发数量	实发数量	单位成本	金　额
产品		自行车	辆	100	100	500.00	50 000.00
合　计				100	100		50 000.00

第三联　财务记账

图 3-45　出库单

根据原始凭证图 3-43、图 3-44、图 3-45 填制[业务 17]记账凭证见表 3-18。

表 3-18　[业务 17]记账凭证

记 账 凭 证

2010年01月27日　记字第 17 号

摘　要	总账科目	明细科目	√	借方金额	√	贷方金额
销售产品	银行存款			58 500.00		
	主营业务收入					58 500.00
	应交税费	应交增值税(销项税额)				
合　计				¥58 500.00		¥58 500.00

附单据 3 张

财务主管：张庆　记账：王露　出纳：张平　审核：王露　制单：张平

3.5.15 商品含税销售的核算

1. 理论知识点

①销售库存商品时，记账员要把含税价折合成不含税价。计算公式如下：

不含税销售额＝含税销售额÷(1＋税率)

②[业务18]中的计算如下：

不含税销售额＝含税销售额÷(1＋17%)

＝50 000÷(1＋17%)

＝42 735(元)

2. 实操知识点

①将原始凭证交给会计审核，并编制记账凭证，然后送交财务主管审核。

②会计根据审核后的记账凭证登记“主营业务收入”明细账。

③出纳登记银行存款日记账，涉税会计登记“应交税费——应交增值税”明细账。

3. 实训资料

[业务18]：××月××日，向×××世纪有限公司销售自行车100辆，货款共计50 000元，货款已收到。原始凭证为×××市增值税普通发票如图3-46所示。

×××市 增 值 税 普 通 发 票

记 账 联

发票代码 142010623101

发票代码 03357267

购方单位：×××世纪有限公司

2010 年 1 月 28 日

品名及规格	货物或劳务名称	单位	数量	单价	金额 万	千	百	十	元	角	分
自行车		辆	100	500	5	0	0	0	0	0	0
			转账收讫								
金额（大写） ￥伍万零仟零佰零拾零元零角零分			￥50,000.00								
备注：											

开票单位盖章　复核人　收款人　开票人

③开票方记账原始凭证

图3-46 ×××市增值税普通发票

根据原始凭证图3-46填制[业务18]记账凭证见表3-19。

3.5.16 计提人员工资及福利费的核算

1. 理论知识点

①职工薪酬主要包括以下几个方面的内容：

表 3-19 [业务 18]记账凭证

记 账 凭 证

2010 年 01 月 27 日　　　　记字第 18 号

摘　要	总账科目	明细科目	√	借方金额	√	贷方金额
销售产品	银行存款			50 000.00		
	主营业务收入					42 735.00
	应交税费	应交增值税(销项税额)				7 265.00
合　计				¥50 000.00		¥50 000.00

附单据 1 张

财务主管：张庆　记账：王露　出纳：张平　审核：王露　制单：张平

a. 职工工资、奖金、津贴和补贴。

b. 职工福利费。

c. 医疗保险费、养老保险费、失业保险费、工伤保险费、生育保险费等社会保险费。

d. 住房公积金。

e. 工会经费和职工教育经费。

f. 非货币性福利，如企业将自己的产品发放给职工作为福利。

g. 其他职工薪酬。如因解除与职工的劳动关系给予的补偿。

②计提工资时，属于生产工人的工资计入"生产成本"科目；车间管理人员工资计入"制造费用"科目；行政管理人员工资计入"管理费用"科目。不同部门计入不同的费用中，以工资结算汇总表为依据，根据工资发生的部门编制工资费用分配表，将职工工资费用分别计入相关成本费用账户中。

③社会保险费在省、自治区、直辖市范围内由一个机构征收，具体征收机构根据本地实际情况确定，由税务机关征收，也可由劳动保障部门征收。社会保险费实行社会统筹和个人账户相结合，社会保险费用由国家、单位和个人合理负担。单位缴纳的社会保险费在税前列支，职工个人缴纳的社会保险费不计征个人所得税。职工个人缴费全部计入个人账户。单位缴费一部分划入个人账户。另一部分进社会统筹账户。

2. 实操知识点

①职工薪酬会计审核原始凭证，并根据审核无误的原始凭证填制记账凭证。财务主管审核记账凭证，审核无误后签字盖章。

②会计根据记账凭证登记"应付职工薪酬"明细账。

③税务会计根据记账凭证登记"应交税费"明细账。

④出纳人员根据记账凭证登记银行存款日记账。

⑤企业向员工发放的困难补助应从应付福利费中开支。支出证明单上加盖有"现金付讫"章表明该项困难补助以现金支付。

3. 实训资料

[业务19]：××月××日，用转账支票支付职工社会保险120 000元，住房公积金21 000元，工会经费6 000元和个人所得税5 760元。原始凭证为中华人民共和国税收通用缴款书(一)、中华人民共和国税收通用缴款书(二)，中华人民共和国税收通用缴款书如图3-47、3-48、3-49所示。

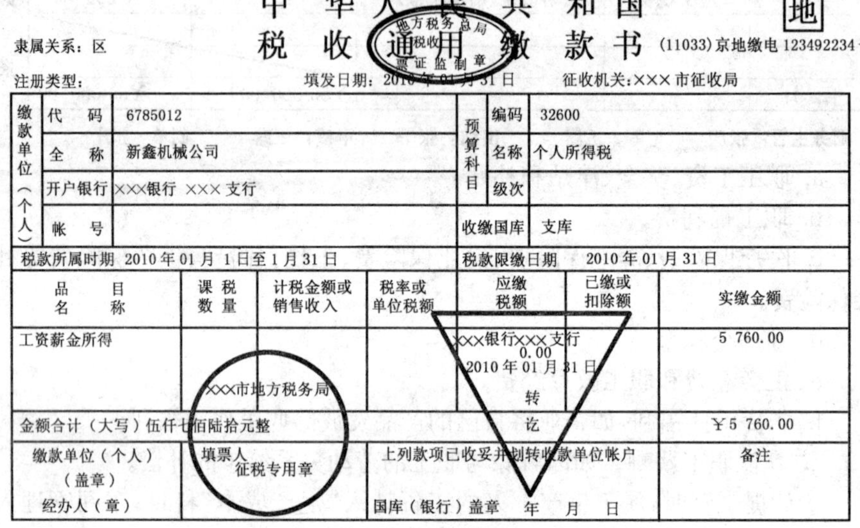

中华人民共和国 税收通用缴款书 地

隶属关系：区　(11033)京地缴电123492234号

注册类型：　填发日期：2010年01月31日　征收机关：×××市征收局

缴款单位(个人)			预算科目		
	代码	6785012		编码	32600
	全称	新鑫机械公司		名称	个人所得税
	开户银行	×××银行 ×××支行		级次	
	帐号		收缴国库		支库
税款所属时期 2010年01月1日至1月31日			税款限缴日期 2010年01月31日		

品目名称	课税数量	计税金额或销售收入	税率或单位税额	应缴税额	已缴或扣除额	实缴金额
工资薪金所得						5 760.00
金额合计（大写）伍仟七佰陆拾元整						￥5 760.00
缴款单位（个人）（盖章）经办人（章）	填票人		上列款项已收妥并划转收款单位帐户 国库（银行）盖章 年 月 日			备注

逾期不缴按税法规定加收缴滞纳金

图3-47　中华人民共和国税收通用缴款书(一)

中华人民共和国 税收通用缴款书 国

隶属关系：区　(20066)京国公80150770号

注册类型：有限责任公司　填发日期：2010年1月31日　征收机关：征收局

缴款单位(个人)			预算科目		
	代码	----		编码	5012083
	全称	市新鑫机械公司		名称	代收住房公积、工会经费
	开户银行	×××银行永安西里支行		级次	地市100%
	帐号		收缴国库		住房公积专户 (81999)工会经费 (52666)
税款所属时期 2010年01月01日至2010年01月31日			税款限缴日期 2010年01月10日		

品目名称	课税数量	计税金额或销售收入	税率或单位税额	应缴税额	已缴或扣除额	千	百	十	万	千	百	十	元	角	分
公积金		300 000.00	7.00%	21 000.00					2	1	0	0	0	0	0
工会经费		300 000.00	2.00%	6 000.00						6	0	0	0	0	0
税款小计								￥	2	7	0	0	0	0	0
滞纳金	逾期　天，每天按税款合计加收　‰														
金额合计（大写）人民币贰万柒仟元整								￥	2	7	0	0	0	0	0
缴款单位（个人）（盖章）经办人（章）	填票人：		上列款项已收妥并划转收款单位帐户 国库（银行）盖章 年 月 日			备注：公积金开户行名称 ×××银行 行号：05789 账号：43674228781									

无银行收讫章无效

第一联（收据）国库（经收处）收款盖章后退缴款单位（个人）作完税凭证

图3-48　中华人民共和国税收通用缴款书(二)

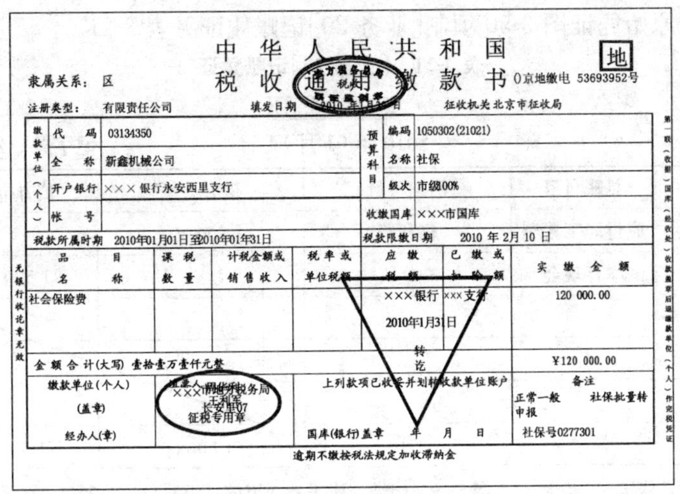

中华人民共和国 地

税收通用缴款书 ()京地缴电 53693952号

隶属关系：区

注册类型：有限责任公司　填发日期 2010年1月31日　征收机关 北京市征收局

缴款单位(个人)		预算科目	
代码	03134350	编码	1050302(21021)
全称	新鑫机械公司	名称	社保
开户银行	×××银行永安西里支行	级次	市级00%
帐号		收缴国库	×××市国库
税款所属时期	2010年01月01日至2010年01年31日	税款限缴日期	2010年2月10日

品目名称	课税数量	计税金额或销售收入	税率或单位税额	应缴税额	已缴或扣除额	实缴金额
社会保险费				×××银行 ×××支行 2010年1月31日 转讫		120 000.00
金额合计(大写) 壹拾壹万壹仟元整						¥120 000.00

缴款单位(个人)(盖章) 经办人(章)	税务机关(盖章) 填票人 ×××市地方税务局 王利军 长安里07 征税专用章	上列款项已收妥并划转收款单位账户 国库(银行)盖章 年 月 日	备注 正常一般申报 社保批量转 社保号0277301

逾期不缴按税法规定加收滞纳金

无银行收讫章无效

第一联(收据)国库(经收处)收款盖章后退缴款单位(个人)作完税凭证

图 3-49　中华人民共和国税收通用缴款书(三)

根据原始凭证图 3-47、图 3-48、图 3-49 填制[业务 19]记账凭证见表 3-20。

表 3-20　[业务 19]记账凭证

记账凭证

2010 年 01 月 27 日　　记字第19号

摘　要	总账科目	明细科目	√	借方金额	√	贷方金额
销售产品	应付职工薪酬	社会保险费		120 000.00		
	应付职工薪酬	住房公积金		21 000.00		
	应付职工薪酬	工会会费		6 000.00		
	应交税费	个人所得税		5 760.00		
	银行存款					152 760.00
合　计				¥ 152 760.00		¥ 152 760.00

附单据 3 张

财务主管：张庆　　记账：王露　　出纳：张平　　审核：王露　　制单：张平

[业务 20]：××月××日，职工李建报销外出学习培训费 1 500 元，用现金支付。原始凭证为×××市行政事业性收费统一发票如图 3-50 所示。

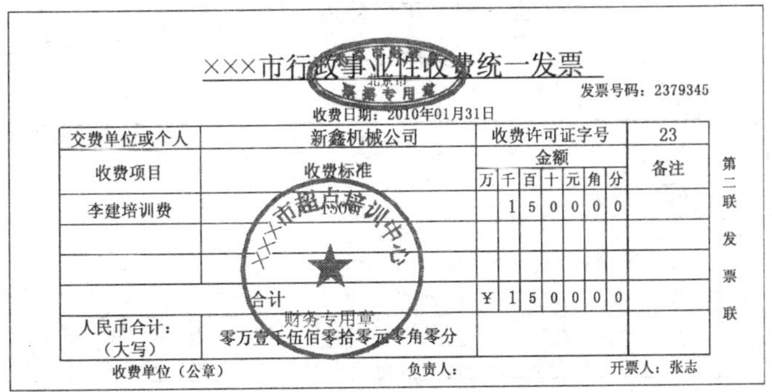

×××市行政事业性收费统一发票

发票号码：2379345

收费日期：2010年01月31日

交费单位或个人	新鑫机械公司	收费许可证字号	23
收费项目	收费标准	金额(万 千 百 十 元 角 分)	备注
李建培训费	1500	1 5 0 0 0 0	
合计		¥ 1 5 0 0 0 0	
人民币合计：（大写）	零万壹仟伍佰零拾零元零角零分		

收费单位（公章）　负责人：　开票人：张志

第二联 发票联

图 3-50　×××市行政事业性收费统一发票

根据原始凭证图3-50填制[业务20]记账凭证见表3-21。

表3-21 [业务20]记账凭证

记 账 凭 证

2010年01月31日　　　　记字第 20 号

摘 要	总账科目	明细科目	√	借方金额	√	贷方金额
报销职工培训费	应付职工薪酬	福利费		1 500.00		
报销职工	库存现金					1 500.00
外出学习						
培训费						
合 计				¥1 500.00		¥1 500.00

附单据 1 张

财务主管：张庆　记账：王露　出纳：张平　审核：王露　制单：张平

[业务21]：××月××日，分配本月工资95 000元。原始凭证为工资费用分配表、工资结算汇总表如图3-51、图3-52所示。

工资费用分配表

2010年01月30日

应借科目 \ 项目			工资分配金
生产成本	基本生产成本	甲产品	14 668.00
		乙产品	11 358.00
		小计	26 026.00
制造费用			19 600.00
管理费用			39 680.00
销售费用			9 694.00
合计			95 000.00

审核：　制单：

图3-51 工资费用分配表

工资结算汇总表

2010年01月30日

编号	部门	基本工资	津贴	奖金	缺勤应扣		应付工资	代扣款项		实发工资
					事假	迟到早退		代扣税款	其他代扣	
1	基本生产车间	10 840.00	3 200.00	1 500.00	532.00	40.00	14 968.00	300.00		14 668.00
2	基本生产车间	9 050.00	1 700.00	900.00	152.00	0.00	11 498.00	140.00		11 358.00
3	维修车间	17 640.00	3 000.00	1 400.00	0.00	160.00	21 880.00	280.00	2 000.00	19 600.00
4	行政部门	35 350.00	3 400.00	1 700.00	410.00	40.00	40 000.00	320.00		39 680.00
5	销售部门	9 660.00	1 600.00	800.00	346.00	60.00	11 654.00	130.00	1 830.00	9 694.00
合 计		82 540.00	12 900.00	6 300.00	1 440.00	300.00	100 000.00	1 170.00	3 830.00	95 000.00

审核：　部门负责人：　制表：

图3-52 工资结算汇总表

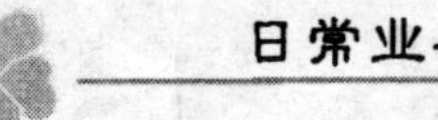

根据原始凭证图 3-51、图 3-52 填制[业务 21]记账凭证见表 3-22。

表 3-22 [业务 21]记账凭证

记账凭证

2010 年 01 月 31 日　　　　记字第21号

摘 要	总账科目	明细科目	√	借方金额	√	贷方金额
分配工资	生产成本	甲产品		14 668.00		
	生产成本	乙产品		11 358.00		
	制造费用			19 600.00		
	管理费用			39 680.00		
	销售费用			9 694.00		
	应付职工薪酬	工资				95 000.00
合 计				￥95 000.00		￥95 000.00

附单据 2 张

财务主管:张庆　记账:王露　出纳:　审核:张庆　制单:王露

[业务 22]:××月××日,经领导会议通过,发给职工李杜困难补助 500 元。原始凭证为支出证明单、员工补助发放表如图 3-53、图 3-54 所示。

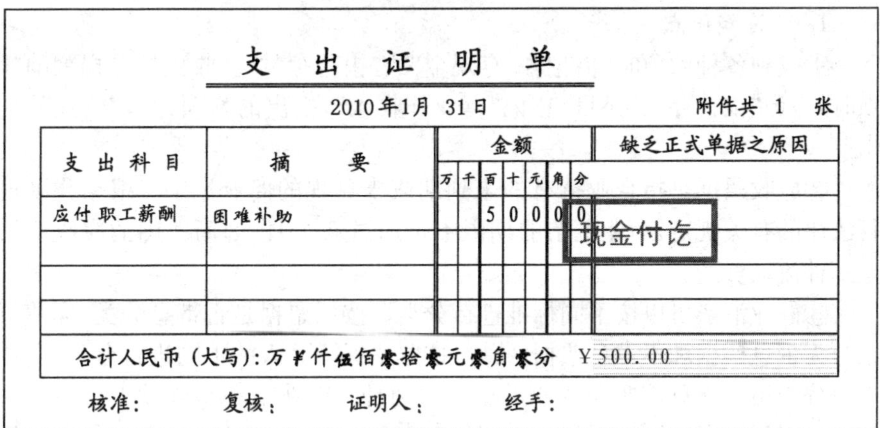

支 出 证 明 单

2010年1月 31日　　　　附件共 1 张

支出科目	摘要	金额 万	千	百	十	元	角	分	缺乏正式单据之原因
应付职工薪酬	困难补助			5	0	0	0	0	现金付讫
合计人民币(大写):万￥仟伍佰零拾零元零角零分									￥500.00

核准:　复核:　证明人:　经手:

图 3-53 支出证明单

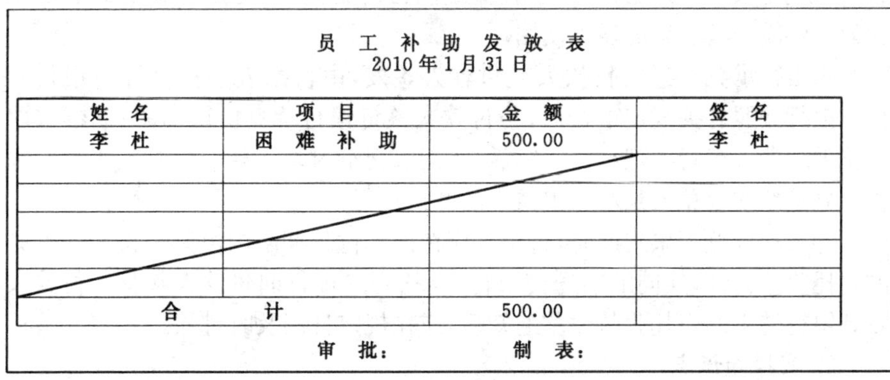

员 工 补 助 发 放 表

2010 年 1 月 31 日

姓 名	项 目	金 额	签 名
李 杜	困 难 补 助	500.00	李 杜
合 计		500.00	

审 批:　制 表:

图 3-54 员工补助发放表

根据原始凭证图3-53、图3-54编制[业务22]记账凭证见表3-23。

表3-23 [业务22]记账凭证

记 账 凭 证

2010年01月31日　　记字第 22 号

摘 要	总账科目	明细科目	√	借方金额	√	贷方金额
困难补助发放	应付职工薪酬	福利费		500.00		
	库存现金					500.00
合 计				¥500.00		¥500.00

附单据2张

财务主管：张庆　记账：王露　出纳：张平　审核：王露　制单：张平

3.5.17 收到各种款项的核算

1. 理论知识点

①收到各种款项时，借记"库存现金"或"银行存款"。收到接受捐赠的款项时，借记"银行存款"科目，贷记"营业外收入"，捐出的款项计入"营业外支出"。

②应收票据是指企业持有的未到期或未兑现的商业汇票。根据我国现行法律的有关规定，商业汇票的期限不得超过6个月，因而我国的应收票据是一种流动资产。

③商业汇票可以按不同标准进行分类。按照票据是否带息分类，商业汇票分为带息票据和不带息票据两种。按照票据承兑人的不同进行分类，商业汇票分为银行承兑汇票和商业承兑汇票两种。商业汇票是收款人或付款人签发、由付款人承兑或由付款人委托银行承兑、在到期日无条件支付票款给收款人或持票人的票据，适用于企业之间订有合同的、延期付款的商品交易和劳务供应，同城、异地均可使用。

④银行承兑汇票由收款人或付款人签发，由付款人委托其开户银行承兑。银行按照有关规定审查后，与付款人签订银行承兑协议，并按面额收取承兑手续费。银行办理承兑手续后，将汇票交给付款人转交收款人收执。银行承兑汇票的承兑人是承兑申请人的开户银行。

⑤银行承兑汇票到期时，持票人应在提示付款期限内填制一份一式五联的委托收款凭证，连同汇票送交银行，委托开户银行向付款人收款。付款人收到银行转来的委托收款付款通知后，应在规定日期及时付款。

2. 实操知识点

①收到、接受捐赠的现金，由出纳填制现金日记账或银行存款日记账。

②往来核算会计根据销售发票、商品出库单、收款收据等原始凭证进行审核，并根据审核无误的原始凭证填制登记记账凭证；财务主管审核记账凭证无误后签字盖章；出纳人员根据记账凭证登记银行存款日记账；会计根据记账凭证登记应收票据明细账。

③将记账凭证传递给其他相关会计（如财产物资会计、财务成果会计、税务会计）岗位，由其登记其他明细账。应收票据到期填制“委托收款凭证”收回票款。

④企业报废和出售固定资产时，应将固定资产账面净值转入固定资产清理账户。清理净收益计入营业外收入，净损失计入营业外支出。业务取得的销售发票上加盖“现金收讫”章表示该项资产出售并收取现金。

⑤将凭证交给资产岗位会计审核，并编制记账凭证，然后送交财务主管审核。资产会计根据审核后的记账凭证登记固定资产、固定资产清理、累计折旧明细账，然后转交出纳登记现金日记账，利润会计登记营业外支出明细账。

3. 实训资料

[业务23]：××月××日，企业接受外单位捐赠现金5 000元。原始凭证为收款收据如图3-55所示。

收　款　收　据

2010年　01月30日　　　　编号：　154798

交款人（单位）								
摘　　要	收到现金捐款							
金额（大写）	人民币伍仟元整	万	千	百	十	元	角	分
		¥	5	0	0	0	0	0

主管：　　　　会计：

（印章：新鑫机械公司 财务专用章）

图3-55　收款收据

根据原始凭证图3-55编制[业务23]记账凭证如表3-24。

表3-24　[业务23]记账凭证

记 账 凭 证

2010年01月30日　　　　记字第　23　号

摘　要	总账科目	明细科目	√	借方金额	√	贷方金额
接受捐赠	库存现金			5 000.00		
	营业外收入	捐款收入				5 000.00
合　计				¥5 000.00		¥5 000.00

附单据1张

财务主管：张庆　　记账：王露　　出纳：张平　　审核：王露　　制单：张平

[业务 24]:××月××日,企业持有的顺发公司于 2009 年 10 月签发、并由银行承兑的无息商业汇票到期,收到票款 150 000 元。原始凭证为委托收款凭证如图 3-56 所示。

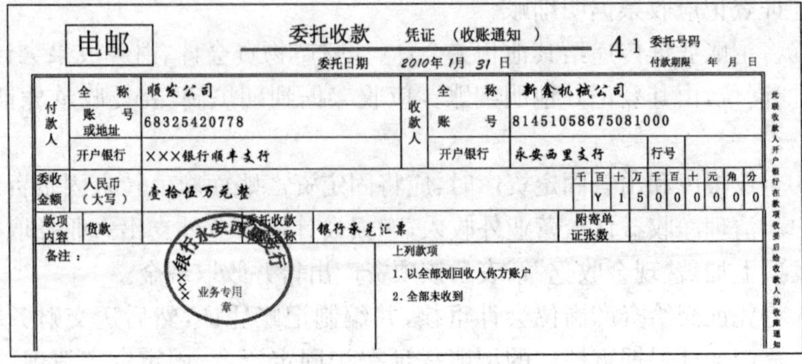

电邮　委托收款　凭证（收账通知）　4　1　委托号码

委托日期　2010年 1月 31 日　付款期限　年　月　日

付款人	全　称	顺发公司	收款人	全　称	新鑫机械公司
	账　号或地址	68325420778		账　号	81451058675081000
	开户银行	×××银行顺丰支行		开户银行	永安西里支行　行号
委收金额	人民币（大写）	壹拾伍万元整		千百十万千百十元角分	￥ 1 5 0 0 0 0 0 0
款项内容	货款	委托收款凭据名称	银行承兑汇票	附寄单证张数	
备注：			上列款项 1. 以全部划回收入你方账户 2. 全部未收到		

×××银行永安西里支行　业务专用章

此联收款人开户银行在款项收妥后给收款人的收账通知

图 3-56　委托收款凭证

根据原始凭证图 3-56 编制[业务 24]记账凭证如表 3-25。

表 3-25　[业务 24]记账凭证

记 账 凭 证

2010 年 01 月 31 日　　　　记字第 24 号

摘　要	总账科目	明细科目		借方金额	贷方金额
汇票到期收回	银行存款			150 000.00	
	应收票据	商业汇票			150 000.00
合　计				￥150 000.00	￥150 000.00

附单据 1 张

财务主管：张庆　记账：王露　出纳：张平　审核：王露　制单：张平

[业务 25]:××月××日,公司将闲置的旧电脑出售给华宇公司,原始价值 6 000 元,已提折旧 2 000 元,售价 2 000 元(含税价),款项现金收讫。原始凭证为固定资产处置申清单、×××市增值税普通发票如图 3-57、图 3-58 所示。

固定资产处置申清单

固定资产编号: 012　　2010 年 1月 28日　　固定资产卡账号:36

固定资产名称	规格型号	单位	数量	预计使用年限	原值	已提折旧	备注
联想电脑		1	1	5	6 000.00	2 000.00	出售
使用部门: 办公室							
固定资产状况及处置原因 闲置未用							
处理意见	使用部门	技术鉴定小组		固定资产管理部门		主管部门审批	
	申请出售	同意		同意出售			

图 3-57　固定资产处置申请单

×××市增值税普通发票

记 帐 联

发票代码 142045623108
发票号码 03897222

购方单位 ：华宇公司　　　　2010年 1月 28日

品名及规格	货物或劳务名称	单位	数量	单价	万	千	百	十	元	角	分
联想电脑		台	1	2000		2	0	0	0	0	0
				现金收讫							
金额（大写） ￥万贰仟零佰零拾零元零角零分				￥2000.00							
备注：											

开票单位盖章：　　复核人：　　收款人：　　开票人：

③开票方记帐原始凭证

图 3-58　×××市增值税普通发票

①注销固定资产原值时，转入固定资产清理，编制[业务25(1)]记账凭证见表3-26。

表 3-26　[业务 25(1)]记账凭证

记 账 凭 证

2010年01月28日　　　记字第 25(1/3) 号

摘　要	总账科目	明细科目	借方金额	贷方金额
出售办公用电脑	固定资产清理		4 000.00	
	累计折旧		2 000.00	
	固定资产			6 000.00
合　计			￥6 000.00	￥6 000.00

附单据 2 张

财务主管：张庆　记账：王露　出纳：张平　审核：王露　制单：张平

②收到电脑的价款2 000元，现金收讫，填制[业务25(2)]记账凭证见表3-27。

表 3-27　[业务 25(2)]记账凭证

记 账 凭 证

2010年01月28日　　　记字第 25(2/3) 号

摘　要	总账科目	明细科目	借方金额	贷方金额
出售办公用电脑收到现金	库存现金		2 000.00	1709.40
	固定资产清理			
	应交税费	应交增值税(销项税额)		290.60
合　计			￥2 000.00	￥2 000.00

附单据　张

财务主管：张庆　记账：王露　出纳：张平　审核：王露　制单：张平

③结转固定资产清理的净损益时，填制[业务25(3)]记账凭证见表3-28。

表3-28 [业务25(3)]记账凭证

记 账 凭 证

2010年01月28日　　　　记字第 25(3/3) 号

摘　要	总账科目	明细科目	借方金额	贷方金额
结转固定资产清理净损益	营业外支出		2290.60	
	固定资产清理			2 290.60
合　计			￥2 290.60	￥2 290.60

附单据　张

财务主管：张庆　　记账：王露　　出纳：张平　　审核：王露　　制单：张平

3.5.18 各项费用支出的核算

1. 理论知识点

①企业支付的广告费用一般可以通过“销售费用”科目核算。

②企业缴纳的通信费用一般可以计入“管理费用”科目。

③报销过路、过桥费用的单据应粘贴在支出证明单的后面，支出证明单上加盖有“现金付讫”章，表明出纳已将现金交给报销人员。

2. 实操知识点

①将此凭证交给费用岗位会计审核，并编制记账凭证，然后送交财务主管审核。

②费用会计根据审核后的记账凭证登记“管理费用”明细账，然后转交出纳登记“库存现金日记账”。

3. 实训资料

[业务26]：××月××日，用现金支付汽车过路、过桥费650元。原始凭证为×××市过路过桥通行费专用发票、支出证明单如图3-59、图3-60所示。

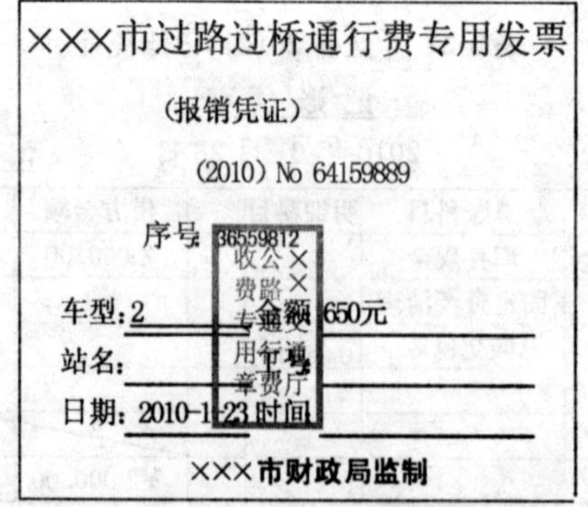
×××市过路过桥通行费专用发票

（报销凭证）

（2010）No 64159889

序号 36559812

车型：2　　金额：650元

站名：

日期：2010-1-23 时间

×××市财政局监制

图3-59 ×××市过路过桥通行费专用发票

支 出 证 明 单

2010年 1月 23日　　　　附件共 1 张

支出科目	摘要	金额 万	千	百	十	元	角	分	缺乏正式单据之原因
支付交通费	过路、过桥费			6	5	0	0	0	现金付讫
合计人民币（大写）：万￥仟陆佰伍拾零元零角零分 ￥650.00									

核准：　复核：　证明人：　经手人：

图 3-60 支出证明单

根据原始凭证图 3-59、图 3-60 编制[业务 26]记账凭证见表 3-29。

表 3-29 [业务 26]记账凭证

记 账 凭 证

2010 年 01 月 28 日　　　　记字第 26 号

摘要	总账科目	明细科目		借方金额		贷方金额
报销过桥费	管理费用	交通费		650.00		
	库存现金					650.00
合计				￥650.00		￥650.00

附单据 2 张

财务主管：张庆　记账：王露　出纳：张平　审核：王露　制单：张平

[业务 27]：××月××日，开出转账支票一张，支付夏日广告公司广告费 12 000 元。原始凭证为×××市广告业专用发票、×××银行转账支票存根如图 3-61、图 3-62 所示。

×××市广告业专用发票

发票代码：24201067171
发票号码：01192501

收到：新鑫机械公司　　　　2010年1月31日填制

摘要	金额 千	百	十	万	千	百	十	元	角	分
2010年1月支付广告费			￥	1	2	0	0	0	0	0
合计：人民币（大写） 壹万贰仟元整										
备注：										

报销凭证

收款单位（财务公章）　会计：　收款人：　经手人：

图 3-61 ×××市广告业专用发票

×××银行

转账支票存根

支票号码

科　　目　银行存款

对方科目　销售费用

签发日期　2010年　月　日

收款人　：夏日广告公司

金额　：12 000.00

用途　：支付广告费

备注　：单位主管：张庆　会计：王露

图 3-62　×××银行转账支票存根

根据原始凭证图 3-61、图 3-62 编制[业务 27]记账凭证见表 3-30。

表 3-30　[业务 27]记账凭证

记 账 凭 证

2010 年 01 月 31 日　　　　记字第 27 号

摘　要	总账科目	明细科目		借方金额		贷方金额
支付广告费	销售费用	广告费		12 000.00		
	银行存款					12 000.00
合　计				¥12 000.00		¥12 000.00

附单据 2 张

财务主管：张庆　　记账：王露　　出纳：张平　　审核：王露　　制单：张平

[业务 28]：××月××日，公司开出转账支票缴纳电话费 1 600 元。原始凭证为×××银行转账支票存根、中国电信×××分公司结算凭证如图 3-63、图 3-64 所示。

×××银行

转账支票存根

支票号码　XII415141

科　　目　银行存款

对方科目　管理费用

签发日期　2010年 1 月30日

收款人　：×××市电信公司

金额　：1 600.00

用途　：购电

备注

单位主管：张庆　　会计：王露

图 3-63　×××银行转账支票存根

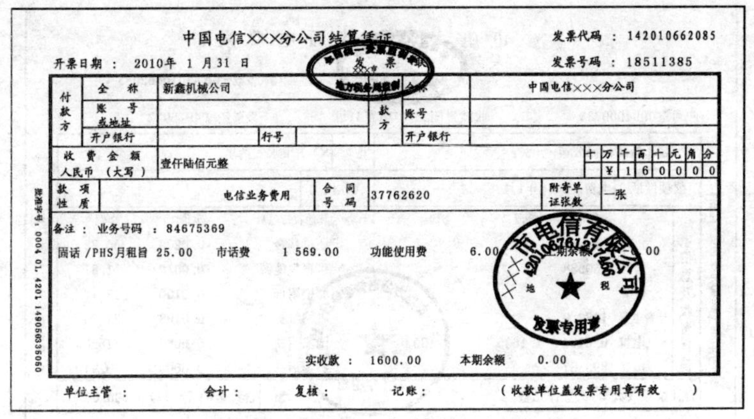

中国电信×××分公司结算凭证

发票代码：142010662085

开票日期：2010年 1月31日　　发票号码：18511385

付款方	全称	新鑫机械公司			收款方	全称	中国电信×××分公司
	账号或地址					账号	
	开户银行		行号			开户银行	
收费金额人民币（大写）		壹仟陆佰元整					¥160000
款项性质		电信业务费用	合同号码	37762620	附寄单证张数	一张	

备注：业务号码：84675369

固话/PHS月租目 25.00　市话费 1 569.00　功能使用费 6.00　上期余额 0.00

实收款：1600.00　本期余额 0.00

单位主管：　会计：　复核：　记账：　（收款单位盖发票专用章有效　）

批准字号：0004 01．4201 14905035060

图 3-64　中国电信×××分公司结算凭证

根据原始凭证图 3-63、图 3-64 编制[业务 28]记账凭证见表 3-31。

表 3-31　[业务 28]记账凭证

记 账 凭 证

2010 年 01 月 30 日　　记字第 28 号

摘　要	总账科目	明细科目		借方金额		贷方金额
支付电话费	管理费用	电信费		1 600.00		
	银行存款					1 600.00
合　计				¥1 600.00		¥1 600.00

附单据 3 张

财务主管：张庆　记账：王露　出纳：张平　审核：王露　制单：张平

[业务 29]：××月××日，收到银行委托收款通知，支付电费 1 000 元，支付水费 500 元。原始凭证为委托收款凭证(付款通知)1、×××市电力公司普通电费发票、×××市水务集团有限公司水费发票、委托收款凭证(付款通知)1 如图 3-65、图 3-66、图 3-67、图 3-68 所示。

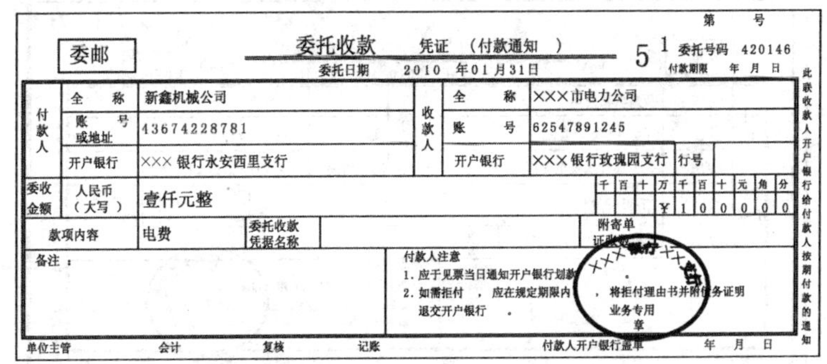

第　号

委邮　　委托收款　凭证（付款通知）　5　1　委托号码 420146

委托日期 2010 年01月31日　　付款期限　年　月　日

付款人	全称	新鑫机械公司	收款人	全称	×××市电力公司	
	账号或地址	43674228781		账号	62547891245	
	开户银行	×××银行永安西里支行		开户银行	×××银行玫瑰园支行	行号
委收金额	人民币（大写）	壹仟元整				¥100000
款项内容		电费	委托收款凭据名称		附寄单证张数	

备注：

付款人注意

1. 应于见票当日通知开户银行划款。
2. 如需拒付，应在规定期限内，将拒付理由书并附债务证明退交开户银行。

×××银行××支行 业务专用章

单位主管　会计　复核　记账　付款人开户银行盖章　年　月　日

此联收款人开户银行给付款人按期付款的通知

图 3-65　委托收款凭证(付款通知)1

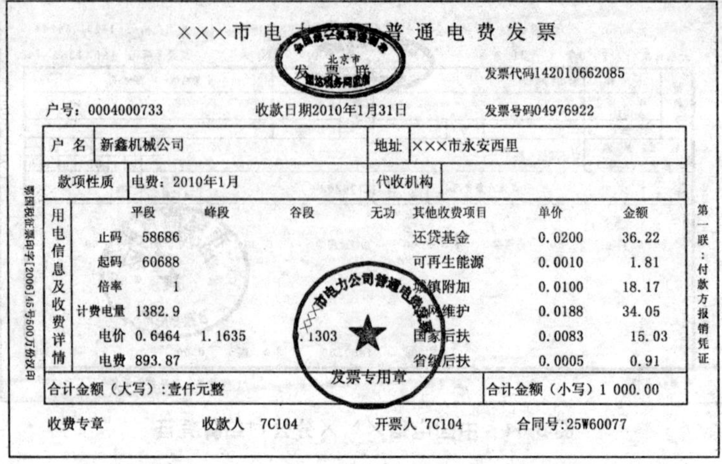

××× 市电力公司普通电费发票

发票联

发票代码142010662085

户号：0004000733　　收款日期2010年1月31日　　发票号码04976922

户 名	新鑫机械公司	地址	×××市永安西里
款项性质	电费：2010年1月	代收机构	

用电信息及收费详情	平段	峰段	谷段	无功	其他收费项目	单价	金额
止码	58686				还贷基金	0.0200	36.22
起码	60688				可再生能源	0.0010	1.81
倍率	1				城镇附加	0.0100	18.17
计费电量	1382.9				电网维护	0.0188	34.05
电价	0.6464	1.1635	.1303		国家后扶	0.0083	15.03
电费	893.87				省级后扶	0.0005	0.91
合计金额（大写）：壹仟元整					合计金额（小写）1 000.00		

收费专章　　收款人 7C104　　开票人 7C104　　合同号：25W60077

第一联：付款方报销凭证

发票专用章

图 3-66　×××市电力公司普通电费发票

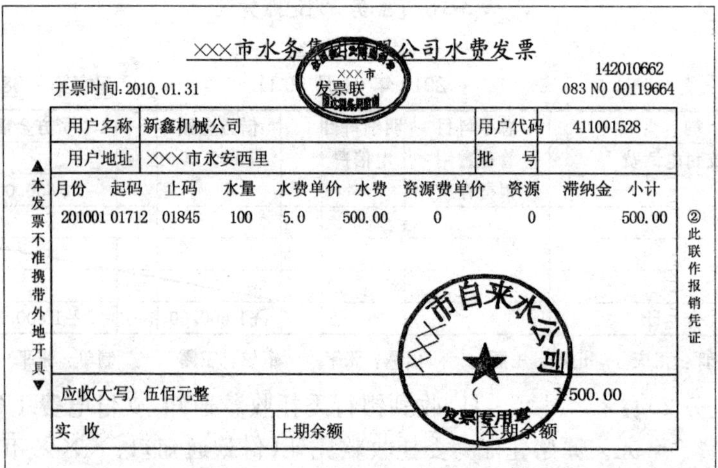

×××市水务集团有限公司水费发票

发票联

142010662

开票时间：2010.01.31　　083 NO 00119664

用户名称	新鑫机械公司	用户代码	411001528
用户地址	×××市永安西里	批　号	

月份	起码	止码	水量	水费单价	水费	资源费单价	资源	滞纳金	小计
201001	01712	01845	100	5.0	500.00	0	0		500.00

应收(大写) 伍佰元整		¥500.00
实　收	上期余额	本期余额

▲本发票不准携带外地开具▼

②此联作报销凭证

×××市自来水公司 发票专用章

图 3-67　×××市水务集团有限公司水费发票

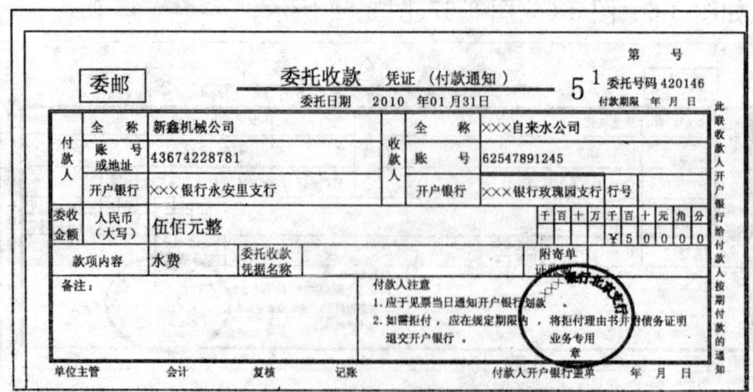

第　号

委邮　　委托收款　凭证（付款通知）　5 1 委托号码 420146

委托日期　2010　年01月31日　　付款期限　年　月　日

付款人	全　称	新鑫机械公司	收款人	全　称	×××自来水公司	
	账号或地址	43674228781		账　号	62547891245	
	开户银行	×××银行永安里支行		开户银行	×××银行玫瑰园支行	行号
委收金额	人民币（大写）	伍佰元整				¥50000
款项内容	水费	委托收款凭据名称		附寄单证张数		

备注：

付款人注意

1. 应于见票当日通知开户银行划款。
2. 如需拒付，应在规定期限内，将拒付理由书并附债务证明退交开户银行。

×××银行北京支行 业务专用章

单位主管　会计　复核　记账　付款人开户银行盖章　年　月　日

此联收款人开户银行给付款人按期付款的通知

图 3-68　委托收款凭证(付款通知)2

根据原始凭证图 3-65、图 3-66、图 3-67、图 3-68 编制[业务 29]记账凭证见表 3-32。

表 3-32 [业务 29]记账凭证

记账凭证

2010 年 01 月 31 日　　　　记字第 29 号

摘　要	总账科目	明细科目	借方金额	贷方金额
支付水、电费	管理费用	电费	1 000.00	
	管理费用	水费	500.00	
	银行存款			1 500.00
合　计			¥1 500.00	¥1 500.00

附单据 4 张

财务主管：张庆　记账：王露　出纳：张平　审核：王露　制单：张平

[业务 30]：××月××日，企业销售人员签发转账支票一张用于支付东方展览馆展览摊位费，金额为 7 800 元。原始凭证为×××银行转账支票存根如图 3-69 所示。

×××银行
转账支票存根
支票号码
科　　目　银行存款
对方科目　销售费用
签发日期　2010 年 1 月 31 日

收款人 ： 东方展览馆
金额 ： 7 800.00
用途 ： 支付展览摊位费
备注

单位主管：张庆　会计：王露

图 3-69 ×××银行转账支票存根

根据原始凭证图 3-69 编制[业务 30]记账凭证见表 3-33。

表 3-33 [业务 30]记账凭证

记账凭证

2010 年 01 月 31 日　　　　记字第 30 号

摘　要	总账科目	明细科目	借方金额	贷方金额
支付展览摊位费	销售费用	展览摊位费	7 800.00	
	银行存款			7 800.00
合　计			¥7 800.00	¥7 800.00

附单据 1 张

财务主管：张庆　记账：王露　出纳：张平　审核：王露　制单：张平

[业务 31]：××月××日，司机×××报销高速公路收费单据，以现金200 元支付。原始凭证为×××市过路过桥通行费专用发票如图 3-70 所示。

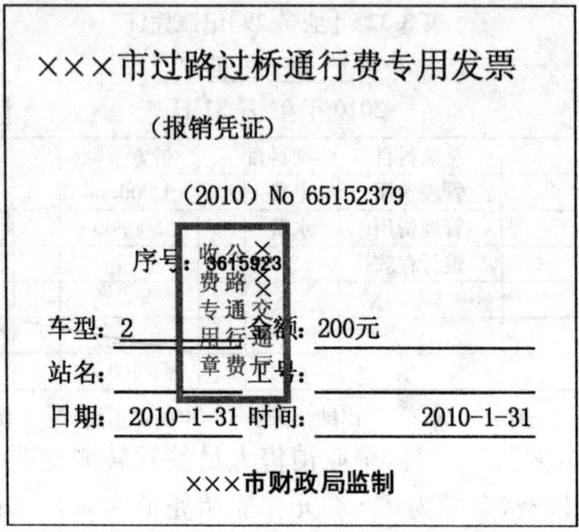
×××市过路过桥通行费专用发票

（报销凭证）

（2010）No 65152379

序号：3615923

车型：2　　金额：200元

站名：　　工号：

日期：2010-1-31 时间：　　2010-1-31

×××市财政局监制

图 3-70　×××市过路过桥通行费专用发票

根据原始凭证图 3-70 编制[业务 31]记账凭证见表 3-34。

表 3-34　[业务 31]记账凭证

记 账 凭 证

2010 年 01 月 31 日　　记字第 31 号

摘　要	总账科目	明细科目		借方金额		贷方金额
司机报销过路费	管理费用	过桥费		200.00		
	库存现金					200.00
合　计				¥200.00		¥200.00

附单据 1 张

财务主管：张庆　记账　王露　出纳：张平　审核　王露　制单：张平

3.5.19　月末结转已销商品成本的核算

1. 理论知识点

①出售商品取得的收入计入“主营业务收入”科目，确认销售收入时的会计分录为：

借：银行存款（或应收账款、应收票据等科目）

　　贷：主营业务收入

　　　　应交税费——应交增值税（销项税额）

②主营业务成本是指企业确认销售商品、提供劳务等主营业务收入时，应结转的成本。确认主营业务收入时，同时要结转主营业务成本。会计分录为：

借:主营业务成本

贷:库存商品

③通过产品出库单汇总不同产品本期销售商品的数量,与“库存商品”明细账的发出栏数量核对是否相符,得出本月销售数量,计算出本期销售商品的成本。根据“库存商品”明细账期初和本月入库的记录进行计算,计算公式为:

库存商品加权平均单位成本=(月初库存商品成本+本月入库库存商品成本)÷(月初库存商品数量+本月入库库存商品数量)

本月商品销售成本=本月销售商品的数量×库存商品加权平均单位成本

2. 实操知识点

①资产会计计算编制发出商品成本计算表后,收入利润会计根据已销商品数量计算编制商品销售成本计算表,并编制记账凭证,然后送交财务主管审核,审核无误后签字盖章。

②收入利润会计根据审核后的记账凭证登记“主营业务成本”明细账,资产会计编制“库存商品中”明细账。

3. 实训资料

[业务 32]:××月××日,结转本月已售产品成本,原始凭证为产品销售清单、库存商品加权平均单位成本计算表、商品销售成本计算表如图 3-71、图 3-72、图 3-73 所示。

产品销售清单

2010 年 1 月 31 日

产品编号	品牌	型号	数量	单价	金额
	自行车		500		
	合格				

图 3-71 产品销售清单

库存商品加权平均单位成本计算表

2010 年 1 月 31 日

材料名称及型号	本月期初		本月入库		加权平均单价
	数量	金额	数量	金额	
自行车	10	200.00	500	20 000.00	40.00
合 计	10			20 000.00	

审核: 制表:

图 3-72 库存商品加权平均单位成本计算表

商品销售成本计算表

2010年1月31日

商 品 型 号	销 售 数 量	单 位 成 本	金 额
自行车	100	200.00	20 000.00
合 计			20 000.00

审 核： 制 单：

图3-73 商品销售成本计算表

根据原始凭证图3-71、图3-72、图3-73编制[业务32]记账凭证见表3-35。

表3-35 [业务32]记账凭证

记 账 凭 证

2010年01月31日 记字第 31 号

摘 要	总账科目	明细科目		借方金额		贷方金额
结转已销商品成本	主营业务成本			20 000.00		
	库存商品					20 000.00
合 计				¥20 000.00		¥20 000.00

附单据3张

财务主管：张庆 记账：王露 出纳： 审核：张庆 制单：王露

3.5.20 计提固定资产折旧的核算

1. 理论知识点

①固定资产的折旧是指在固定资产的使用寿命内，按照确定的方法对应计折旧额进行的系统分摊。应计折旧额是指固定资产的原价扣除其预计净残值后的金额。已计提减值准备的固定资产还应当扣除已计提的固定资产减值准备累计金额。

②影响折旧的因素主要有固定资产原价(固定资产的成本)、固定资产的预计净残值、固定资产减值准备、固定资产的使用寿命。

③计提折旧的范围。除已提足折旧仍继续使用的固定资产，以及按规定单独估价作为固定资产入账的土地，企业应对所有固定资产计提折旧。

需要注意：企业以融资租赁方式租入的固定资产和以经营租赁方式租出的固定资产，应当计提折旧；企业以融资租赁方式租出的固定资产和以经营租赁方式租入的固定资产，不应当计提折旧。

④计提折旧的时间。在实际工作中，企业一般应按月计提固定资产折旧。企业在实际计提固定资产折旧时，当月增加的固定资产，当月不提折旧，

从下月起计提折旧；当月减少的固定资产，当月照提折旧，从下月起不提折旧。固定资产提足折旧后，不论能否继续使用，均不再计提折旧；提前报废的固定资产，也不再补提折旧。

⑤折旧的计算方法。折旧的计算方法可以采用平均年限法、工作量法、双倍余额递减法、年数总和法等。其中，双倍余额递减法、年数总和法属于加速折旧法。

⑥折旧的账务处理。计提折旧时，借记“制造费用（车间用固定资产）”、“管理费用（行政管理部门用固定资产）、（未使用、不需用的固定资产）”、“销售费用（销售部门用固定资产）”，贷记“累计折旧”。

⑦根据公司内部会计制度规定，本企业采用直线法计提折旧。每月应计提的固定资产折旧额＝月初应提折旧的固定资产原值×月折旧率。

2. 实操知识点

①计提折旧的原始凭证是“折旧计算表”，将其填完后交给资产岗位会计审核，并编制记账凭证，然后送交财务主管审核，审核无误后签字盖章。

②资产岗位会计根据审核后的记账凭证登记 “累计折旧”明细账，成本岗位会计登记“制造费用”明细账，费用岗位会计登记“管理费用”和“销售费用”明细账。

3. 实训资料

［业务 33］：××月××日，计提本月固定资产折旧 11 670 元。原始凭证为折旧计算表如图 3-74 所示。

折旧计算表

2010 年 1 月 31 日

使用单位	固定资产类别	月初应计提固定资产原值	月折旧率（%）	月折旧额
基本生产车间	机器设备	360 000.00	0.83%	2 988.00
	房屋及建筑物	1 000 000.00	0.21%	2 100.00
	小计	1 360 000.00		5 088.00
管理部门	运输设备	480 000.00	0.83%	3 984.00
	办公设备	50 000.00	0.83%	415.00
	房屋及建筑物	800 000.00	0.21%	1 680.00
	小计	1 330 000.00		6 079.00
销售部门	房屋及建筑物	200 000.00	0.21%	420.00
	办公设备	10 000.00	0.83%	83.00
	小计	210 000.00		503.00
合计		2 900 000.00		11 670.00

审　核：　　　　　　　　　　制　单：

图 3-74　折旧计算表

根据原始凭证图 3-74 编制［业务 33］记账凭证见表 3-36。

表 3-36 [业务 33]记账凭证

记 账 凭 证

2010 年 01 月 31 日 转字第 9 号

摘 要	总账科目	明细科目		借方金额		贷方金额
计提折旧	制造费用			5 088.00		
	管理费用			6 079.00		
	销售费用			503.00		
	累计折旧	折旧费				11 670.00
合 计				¥11 670.00		¥11 670.00

附单据 1 张

财务主管：张庆 记账：王露 出纳： 审核：张庆 制单：王露

3.5.21 拓展训练

以华晨机床厂企业实际资料为依据，进行做账练习。

(1)企业会计资料 2010 年 11 月 30 日，该企业总分类账户(部分)余额见表 3-37。

表 3-37 总分类账户余额表 单位：元

资产类		负债及所有者权益类	
会计科目	金 额	会计科目	金 额
库存现金	200 000.00	短期借款	4 500 000.00
银行存款	6 230 000.00	应付账款	920 000.00
应收账款	1 200 000.00	其他应付款	200 000.00
其他应收款	108 000.00	应职工薪酬	400 000.00
原材料	2 500 000.00	应交税费	650 000.00
库存商品	4 060 000.00	应付利息	78 000.00
生产成本	1 350 000.00	实收资本	23 000 000.00
固定资产	29 000 000.00	资本公积	4 600 000.00
累计折旧	−6 500 000.00	盈余公积	5 500 000.00
长期股权投资	1 700 000.00		
合计	39 848 000.00	合计	39 848 000.00

该企业 2010 年 11 月 30 日库存商品明细账见表 3-38。

表 3-38 库存商品明细账

产品名称	单位	数量	单位成本	总成本
A 产品	件	38 000	100 .00	3 800 000.00
B 产品	件	3 250	80.00	260 000.00
合 计				4 060 000.00

该企业2010年11月30日产品成本明细账见表3-39。

表3-39 产品成本明细账

产品名称	在产品数量	直接材料费	直接人工费	制造费用	合计
A产品		450 000.00	130 000.00	120 000.00	700 000.00
B产品		540 000.00	60 000.00	50 000.00	650 000.00
合计		990 000.00	190 000.00	170 000.00	1 350 000.00

该企业2010年11月30日应付账款明细账见表3-40。

表3-40 应付账款明细账

名　称	方　向	金　　额
九江工厂	贷　方	70 000.00
易通公司	贷　方	850 000.00

(2)发生的经济业务

①2010年12月21日本月应付工资为670 000元,其中,A产品生产工人工资290 000元,B产品生产工人工资260 000元,车间管理人员工资50 000元,行政管理人员工资70 000元。工资费用分配表如图3-75所示。

工资费用分配表

2010年12月21日

项　目 / 应借科目			共同耗用分配		
			分配标准(产品生产工时)	分配率	分配额
生产成本	基本生产成本	A产品			290 000.00
		B产品			260 000.00
		小计			550 000.00
制造费用			×	×	50 000.00
管理费用			×	×	70 000.00
销售费用			×	×	
合计			×	×	67 000.00

审核：　　　　制单：

图3-75 工资费用分配表

根据原始凭证图3-75编制转账凭证(1)(见表3-41)。

表 3-41 转账凭证(1)

转 账 凭 证

2010 年 12 月 21 日　　　　转字第1 号

摘　要	总账科目	明细科目	√	借方金额	√	贷方金额
分配工资	生产成本	A 产品		290 000.00		
	生产成本	B 产品		260 000.00		
	制造费用			50 000.00		
	管理费用			70 000.00		
	应付职工薪酬	工资				670 000.00
合　计				¥670 000.00		¥670 000.00

附单据　张

财务主管:张庆　记账:王露　出纳:张平　审核:张庆　制单:王露

②12 月 21 日 支付本季银行借款利息 120 000 元。10 月、11 月两月已预提78 000 元。原始凭证为×××银行转账支票存根如图 3-76 所示。

×××银行

转账支票存根

支票号码

科　目　银行存款

对方科目　应付利息、财务费用

签发日期　2010 年 12 月 21 日

收款人	:×××市×××银行
金额	: 120 000.00
用途	: 支付利息
备注	

单位主管:　张庆　　会计:　王露

图 3-76 ×××银行转账支票存根

根据原始凭证图 3-76 编制付款凭证(1)见表 3-42。

表 3-42 付款凭证(1)

付 款 凭 证

贷方科目:银行存款　　2010 年 12 月 21 日　　付字第 1 号

摘　要	借方科目		金　额
	总账科目	明细科目	
支付本季度利息	应付利息		78 000.00
	财务费用	利息费	42 000.00
合　计			¥120 000.00

附单据 1 张

财务主管:张庆　记账:王露　出纳:张平　审核:张庆　制单:王露

③12月25日用银行存款预付应由下季度经费开支的房租60 000元，原始凭证为×××银行转账支票存根如图3-77所示。

×××银行转账支票存根

支票号码

科　　目：银行存款

对方科目：管理费用

签发日期：2010年12月25日

收款人	
金　额	60 000.00
用　途	预付房租
备　注	

单位主管：张庆　　会计：王露

图3-75　×××银行转账支票存根

根据图3-77编制付款凭证(2)见表3-43。

表3-43　付款凭证(2)

付款凭证

贷方科目：银行存款　　2010年12月25日　　付字第 2 号

摘　要	借方科目		金　额
	总账科目	明细科目	
预付本季度房租	管理费用	房租	60 000.00
合　计			¥60 000.00

附单据1张

财务主管：张庆　　记账：王露　　出纳：张平　　审核：张庆　　制单：王露

④12月20日 根据发料单汇总，共领用甲材料1 000 000元，领用乙材料800 000元，其中，生产A产品领用甲材料550 000元、乙材料450 000元；生产B产品领用甲材料450 000元、乙材料335 000元。生产车间一般性耗用乙材料6 000元，行政管理部门一般性耗用乙材料9 000元。原始凭证为生产A产品的领料单、生产B产品的领料单、车间机物料消耗领料单、行政管理部门机物料消耗领料单如图3-78、图3-79、图3-80、图3-81所示。

领　料　单

领料单位：生产车间　　2010年12月20日　　仓库发料第 1 号

材料编号	材料名称	规格	计量单位	数量		单价	金额	备注
				请领	实发			
	甲材料						550 000.00	
	乙材料						450 000.00	
用途	生产A产品							

财务存

财务主管：　　领料：　　发料：　　制单：

图3-78　生产A产品的领料单

领 料 单

领料单位:生产车间　　　　2010 年 12 月 20 日　　　　仓库发料第　2　号

材料编号	材料名称	规格	计量单位	数量		单价	金额	备注
				请领	实发			
	甲材料						450 000.00	
	乙材料						335 000.00	
用途	生产 B 产品							

财务存

财务主管:张庆　　领料:王静　　发料:李英　　制单:

图 3-79　生产 B 产品的领料单

领 料 单

领料单位:车间　　　　2010 年 12 月 20 日　　　　仓库发料第　3　号

材料编号	材料名称	规格	计量单位	数量		单价	金额	备注
				请领	实发			
	乙材料						6 000.00	
用途	车间机物料消耗							

财务存

财务主管:张庆　　领料:王玲　　发料:李英　　制单:

图 3-80　车间机物料消耗领料单

领 料 单

领料单位:行政管理部门　　　　2010 年 12 月 20 日　　　　仓库发料第　4　号

材料编号	材料名称	规格	计量单位	数量		单价	金额	备注
				请领	实发			
	乙材料						9 000.00	
用途	行政管理部门机物料消耗							

财务存

财务主管:张庆　　领料:张露　　发料:李英　　制单:

图 3-81　行政管理部门机物料消耗领料单

根据原始凭证图 3-78、图 3-79、图 3-80、图 3-81 编制转账凭证(2)见表 3-44。

表 3-44　转账凭证(2)

转 账 凭 证

2010 年 12 月 20 日　　　　转字第2号

摘　要	总账科目	明细科目	√	借方金额	√	贷方金额
领料	生产成本	A 产品		1 000 000.00		
	生产成本	B 产品		785 000.00		
	制造费用	机物料消耗		6 000.00		
	管理费用	机物料消耗		9 000.00		
	原材料	甲材料				1 000 000.00
	原材料	乙材料				800 000.00
合　计				￥1 800 000.00		￥1 800 000.00

附单据 4 张

财务主管:张庆　　记账:王露　　出纳:张平　　审核:张庆　　制单:王露

⑤12 月 25 日报销本月厂部应负担的办公用品费 930 元。原始凭证为×××银行转账支票存根、×××市增值税普通发票如图 3-82、图 3-83 所示。

×××银行转账支票存根

支票号码

科　　目:银行存款

对方科目:管理费用

签发日期:2010 年 12 月 9 日

收款人	
金　额	930.00
用　途	报销办公用品
备　注	

会计主管:张庆　　会计:王露

图 3-82　×××银行转账支票存根

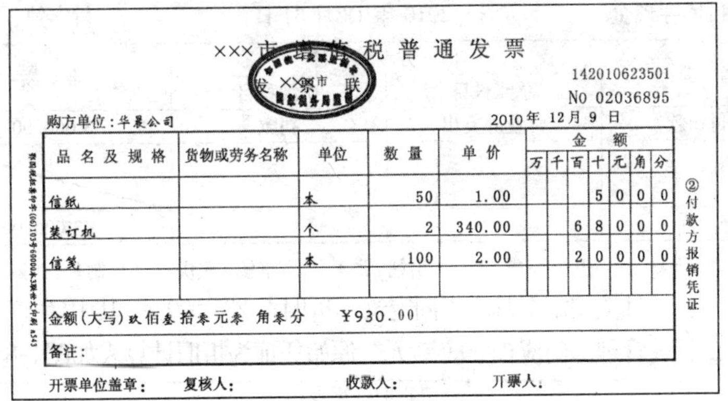

×××市增值税普通发票

发票联

142010623501

No 02036895

购方单位:华晨公司　　2010 年 12 月 9 日

品名及规格	货物或劳务名称	单位	数量	单价	金额 万	千	百	十	元	角	分
信纸		本	50	1.00				5	0	0	0
装订机		个	2	340.00			6	8	0	0	0
信笺		本	100	2.00			2	0	0	0	0
金额(大写)玖佰叁拾零元零角零分　¥930.00											
备注:											

②付款方报销凭证

开票单位盖章:　　复核人:　　收款人:　　开票人:

图 3-83　×××市增值税普通发票

根据原始凭证图 3-82、图 3-83 编制付款凭证(3)见表 3-45。

表 3-45　付款凭证(3)

付款凭证

贷方科目:银行存款　　2010 年 12 月 25 日　　付字第 3 号

摘要	借方科目 总账科目	明细科目	金额
报销办公费	管理费用	办公费	930.00
合计			¥930.00

附单据 2 张

财务主管:张庆　　记账:王露　　出纳:张平　　审核:张庆　　制单:王露

⑥12 月 29 日以现金支付违规罚款 3 000 元。原始凭证为支出证明单如图 3-84 所示。

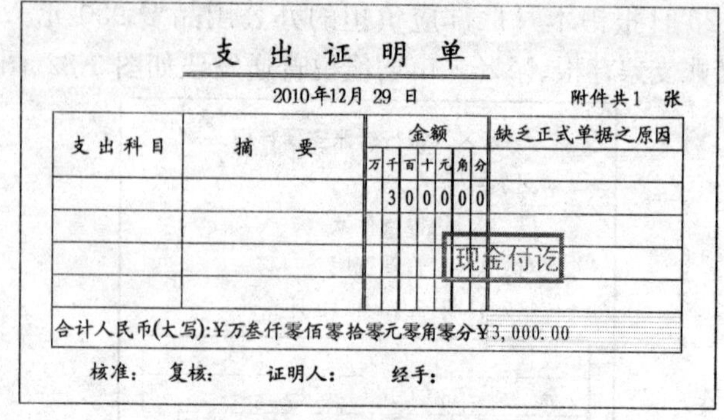

支出证明单

2010年12月29日　　附件共1张

支出科目	摘要	金额							缺乏正式单据之原因
		万	千	百	十	元	角	分	
			3	0	0	0	0	0	
合计人民币(大写):¥万叁仟零佰零拾零元零角零分¥3,000.00									

现金付讫

核准：　复核：　证明人：　经手：

图3-84　支出证明单

根据原始凭证图3-84编制付款凭证(4)见表3-46。

表3-46　付款凭证(4)

付款凭证

贷方科目:库存现金　　2010年12月31日　　付字第 4 号

摘要	借方科目		金额
	总账科目	明细科目	
支付罚款	营业外支出	罚款	3 000.00
合计			¥3 000.00

附单据　张

财务主管:张庆　记账:王露　出纳:张平　审核:张庆　制单:王露

⑦12月31日按规定本月应提固定资产折旧费235 000元,其中,生产车间应提185 000元,行政管理部门应提50 000元。原始凭证为折旧计算表如图3-85所示。

折旧计算表

2010年1月31日

使用单位	固定资产类别	月初应计提固定资产原值	月折旧率(%)	月折旧额
基本生产车间	机器设备			
	房屋及建筑物			
	小计			185 000.00
管理部门	运输设备			
	办公设备			
	房屋及建筑物			
	小计			50 000.00
销售部门	房屋及建筑物			
	办公设备			
	小计			
合计				235 000.00

审核：　制单：

图3-85　折旧计算表

根据原始凭证图 3-85 编制转账凭证(3)见表 3-47。

表 3-47　转账凭证(3)

转 账 凭 证

2010 年 12 月 31 日　　　　转字第 3 号

摘　要	总账科目	明细科目	√	借方金额	√	贷方金额
计提折旧	制造费用	折旧费		185 000.00		
	管理费用	折旧费		50 000.00		
	累计折旧					235 000.00
合　计				¥235 000.00		¥235 000.00

附单据 1 张

财务主管:张庆　记账:王露　出纳:张平　审核:张庆　制单:王露

⑧12 月 31 日将本月共发生的制造费用按生产工人工时比例分摊计入 A、B 产品的生产成本。A 产品生产工人工时 50 500 小时;B 产品生产工人工时 70 000 小时。原始凭证为制造费用分配表如图 3-86 所示。

制造费用分配表

2010 年　12　月　　　　单位:元

分配对象	应计科目	分配标准(工时)	分配率	分配金额
A 产品	生产成本	50 500		101 000.00
B 产品	生产成本	70 000		140 000.00
合计		120 500	2	241 000.00

制表人:

图 3-86　制造费用分配表

根据原始凭证图 3-86 编制转账凭证(4)见表 3-48。

表 3-48　转账凭证(4)

转 账 凭 证

2010 年 12 月 31 日　　　　转 字第 4 号

摘　要	总账科目	明细科目	√	借方金额	√	贷方金额
分配制造费用	生产成本	A 产品		101 000.00		
	生产成本	B 产品		140 000.00		
	制造费用					241 000.00
合　计				¥241 000.00		¥241 000.00

附单据 1 张

财务主管:张庆　记账:王露　出纳:张平　审核:张庆　制单:王露

⑨12月31日结转本月完工产品生产成本。本月A、B产品均无在产品。A产品完工13 910件，B产品完工15 800件。办妥入库手续。原始凭证为A产品产成品入库单、B产品产成品入库单、完工产品成本汇总表如图3-87、图3-88、图3-89所示。

产成品生产入库单　　编号：

2010年12月31日

产品名称	规格	计量单位	入库数	实收数	备注
A产品		件	13 910		

图3-87　A产品产成品入库单

产成品生产入库单　　编号：

2010年12月31日

产品名称	规格	计量单位	入库数	实收数	备注
B产品		件	15 800		

图3-88　B产品产成品入库单

完工产品成本汇总表

2010年12月

产品名称	产量	总成本	单位成本
A产品	13 910	2 091 000.00	
B产品	15 800	1 835 000.00	
合　计		3 926 000.00	

图3-89　完工产品成本汇总表

根据原始凭证图3-87、图3-88、图3-89编制转账凭证(5)见表3-49。

表3-49　转账凭证(5)

转账凭证

2010年12月31日　　转 字第 5 号

摘　要	总账科目	明细科目	√	借方金额	√	贷方金额
结转完工产品成本	库存商品	A产品		2 091 000.00		
	库存商品	B产品		1 835 000.00		
	生产成本	A产品				2 091 000.00
	生产成本	B产品				1 835 000.00
合　计				¥3 926 000.00		¥3 926 000.00

附单据2张

财务主管：张庆　记账：王露　出纳：张平　审核：张庆　制单：王露

⑩12月31日应付九江工厂的一笔购货款70 000元，由于对方企业撤销，无法支付，经批准作为营业外收入处理。填制转账凭证(6)见表3-50。

表3-50 转账凭证(6)

转账凭证

2010年12月31日　　　　转 字第 6 号

摘 要	总账科目	明细科目	√	借方金额	√	贷方金额
转销无法支付的款	应付账款	九江工厂		70 000.00		
	营业外收入					70 000.00
合 计				¥70 000.00		¥70 000.00

附单据 张

财务主管：张庆　记账：王露　出纳：张平　审核：张庆　制单：王露

⑪12月31日销售给锦江公司A产品22 000件，货款为4 000 000元，存入开户银行。销售给东方公司B产品4 375件，货款为525 000元，尚未收到。(增值税率17%)原始凭证为销售A产品×××市增值税专用发票、销售B产品×××市增值税专用发票如图3-90、图3-91所示。

×××市增值税专用发票　　№

开票日期：2010年12月31日　　此联不作报销、扣税凭证使用

购货单位	名称	锦江公司			税务登记号	（略）	
	地址电话	（略）			开户银行及账号	（略）	
货物及应税劳务名称	规格型号	计量单位	数量	单价	金额	税率	税额
A产品		件	22 000		4 000 000.00	17%	680 000.00
合计					4 000 000.00		68 000.00
价税合计	⊗肆佰陆拾捌万元整　¥4 680 000.00						
备注							
销货单位	名称	重型机械厂	税务登记号	（略）			
	地址电话	（略）	开户银行及账户	（略）			

销货单位(章)：　收款人：　复核：　开票人：

图3-90 销售A产品×××市增值税专用发票

×××　市增值税专用发票　№

开票日期:2010 年 12 月 31 日　此联不作报销、扣税凭证使用

购货单位	名称	东方公司		税务登记号			(略)	
	地址电话	(略)		开户银行及账号			(略)	
货物及应税劳务名称	规格型号	计量单位	数量	单价	金额	税率	税额	
B产品		件	4 375		525 000.00	17%	89 250.00	
合计					525 000.00		89 250.00	
价税合计	⊗陆拾壹万肆仟贰佰伍拾元整　¥614 250.00							
备　注								
销货单位	名　称	新鑫机械厂	税务登记号		(略)			
	地址电话	(略)	开户银行及账户		(略)			

销货单位(章):　收款人:　复核:　开票人:

图 3-91　销售 B 产品×××市增值税专用发票

根据原始凭证图 3-90、图 3-91 编制收款凭证、转账凭证(7)见表 3-51、表 3-52 所示。

表 3-51　收款凭证

收 款 凭 证

借方科目 银行存款　2010 年 12 月 31 日　收字第 1 号

摘　要	贷方科目		金　额	
	总账科目	明细科目		
销售 A 产品	主营业务收入		4 000 000.00	附单据1张
	应交税费	应交增值税(销项税额)	680 000.00	
合　计			¥4 680 000.00	

财务主管:张庆　记账:王露　出纳:张平　审核:张庆　制单:王露

表 3-52　收款凭证(7)

转 账 凭 证

2010 年 12 月 31 日　转字第 7 号

摘　要	总账科目	明细科目	√	借方金额	√	贷方金额	
销售 B 产品	应收账款	东方公司		614 250.00			附单据1张
	主营业务收入					525 000.00	
	应交税费	应交增值税(销项税额)				89 250.00	
合　计				¥614 250.00		¥614 250.00	

财务主管:张庆　记账:王露　出纳:张平　审核:张庆　制单:王露

⑫12 月 31 日计算出本月产品销售成本共计 2 550 000 元,其中,A 产品销售成本 2 200 000 元,B 产品销售成本 350 000 元。原始凭证为产品出库单如图 3-92 所示。

产品出库单

编号:001　　　　2010 年 12 月 31 日

品名	数量	单位	备注
A 产品	22 000	件	
B 产品	4 375	件	
合计	26 375		

提货人:　　　　库管员:

图 3-92　产品出库单

根据原始凭证图 3-92,编制转账凭证(8)见表 3-53。

表 3-53　转账凭证(8)

转 款 凭 证

2010 年 12 月 31 日　　　　转字第 8 号

摘　要	总账科目	明细科目	√	借方金额	√	贷方金额
结转销售成本	主营业务成本	A 产品		2 200 000.00		
	主营业务成本	B 产品		350 000.00		
	库存商品	A 产品				2 200 000.00
	库存商品	B 产品				350 000.00
合　计				¥2 550 000.00		¥2 550 000.00

附单据 1 张

财务主管:张庆　　记账:王露　　出纳:张平　　审核:张庆　　制单:王露

⑬12 月 31 日年终决算,企业全年实现利润 1 867 000 元,按税法规定全年应交所得税 616 110 元予以结转。转账凭证(9)见表 3-54。

表 3-54　转账凭证(9)

转 账 凭 证

2010 年 12 月 31 日　　　　转字第 9 号

摘　要	总账科目	明细科目	√	借方金额	√	贷方金额
计算全年应交所得税	所得税费用			616 110.00		
	应交税费	应交所得税				616 110.00
合　计				¥616 110.00		¥616 110.00

附单据　张

财务主管:张庆　　记账:王露　　出纳:张平　　审核:张庆　　制单:王露

⑭12 月 31 日 将本月有关收入、费用支出转入“本年利润”账户。结转损益类账户余额汇总表如图 3-93 所示。

结转损益类账户余额汇总表

2010 年 12 月 31 日

账户	全额(借方)	账户	余额(贷方)
主营业务成本	2 550 000	主营业务收入	4 525 000
营业税金及附加		其他业务收入	
其他业务支出		投资收益	
销售费用		营业外收入	70 000.00
管理费用	133 000		
财务费用	42 000		
营业外支出	3 000		
所得税费用	616 110		
合　计	3 344 110	合　计	4 595 000

图 3-93　结转损益类账户余额汇总表

根据图 3-93 编制转账凭证(10)、(11)见表 3-55、表 3-56。

表 3-55　转账凭证(10)

转 账 凭 证

2010 年 12 月 31 日　　转字第 10 号

摘　要	总账科目	明细科目	√	借方金额	√	贷方金额
结转收入	主营业务收入			4 525 000.00		
	营业外收入			70 000.00		
	本年利润					4 595 000.00
合　计				¥4 595 000.00		¥4 595 000.00

附单据　张

财务主管:张庆　记账:王露　出纳:张平　审核:张庆　制单:王露

表 3-56　转账凭证(11)

转 账 凭 证

2010 年 12 月 31 日　　转字第11 号

摘　要	总账科目	明细科目	√	借方金额	√	贷方金额
结转费用	本年利润			3 344 110.00		
	主营业务成本					2 550 000.00
	管理费用					133 000.00
	营业外支出					3 000.00
	财务费用					42 000.00
	所得税费用					616 110.00
合　计				￥3 344 110.00		￥3 344 110.00

附单据 1 张

财务主管:张庆　记账:王露　出纳:张平　审核:张庆　制单:王露

⑮12月31日按规定净利润应提取盈余公积金125 090元。转账凭证(12)见表3-57。

表3-57 转账凭证(12)

转账凭证

2010年12月31日 转字第 12 号

摘 要	总账科目	明细科目	√	借方金额	√	贷方金额
提取盈余公积	利润分配	提取盈余公积		125 090.00		
	盈余公积					125 090.00
合 计				¥125 090.00		¥125 090.00

附单据 张

财务主管:张庆 记账:王露 出纳:张平 审核:张庆 制单:王露

⑯12月31日经研究决定给投资者分配利润500 000元。转账凭证(13)见表3-58。

表3-58 转账凭证(13)

转账凭证

2010年12月31日 转字第 13 号

摘 要	总账科目	明细科目	√	借方金额	√	贷方金额
向投资者分配利润	利润分配	应付利润		500 000.00		
	应付利润					500 000.00
合 计				¥500 000.00		¥500 000.00

附单据 张

财务主管:张庆 记账:王露 出纳:张平 审核:张庆 制单:王露

根据以上经济业务编制有关的总账及明细账见表3-59、表3-60、表3-61、表3-62、表3-63、表3-64。

表 3-59　库存商品明细账

产品名称：A 产品　　规格型号：　　存放地点：　　计量单位：　　第　页

2010年		凭证号数	摘要	收入			发出			结存		
月	日			数量	单价	金额	数量	单价	金额	数量	单价	金额
			期初余额							38 000	100.00	3 800 000.00
12	31	转⑤	结转完工产品成本	13 910		2 091 000.00				51 910		5 891 000.00
12	31	转⑧	结转销售成本				22 000		2 200 000.00	29 910		5 891 000.00
			本月合计	13 910		2 091 000.00			2 200 000.00	29 910		3 691 000.00

表 3-60　库存商品明细账

产品名称：B 产品　　规格型号：　　存放地点：　　计量单位：件　　第　页

2010年		凭证号数	摘要	收入			发出			结存		
月	日			数量	单价	金额	数量	单价	金额	数量	单价	金额
12	1		期初余额							3 250	80.00	260 000.00
12	31	转⑤	结转完工产品成本	15 800		1 835 000.00				19 050		2 095 000.00
12	31	转⑧	结转销售成本				4 375		350 000.00	14 675		1 745 000.00
			本月合计	15 800		1 835 000.00	4 375		350 000.00	14 675		1 745 000.00

表 3-61 总 分 类 账

科目:库存商品　　　　　　（编号）2010 年度

记账凭单			摘 要	借 方	贷 方	借贷	余额
月	日	顺序号					
			期初余额			借	4 060 000.00
12	31	转⑤	结转完工成本	3 926 000.00		借	7 986 000.00
12	31	转⑧	结转销售成本		2 550 000.00	借	5 436 000.00
			本月合计	3 926 000.00	2 550 000.00	借	5 436 000.00

表 3-62 总 分 类 账

科目:生产成本　　　　　　（编号）　　　　2010 年度

记账凭单			摘 要	借 方	贷 方	借贷	余额
月	日	顺序号					
			期初余额			借	1 350 000.00
12	21	转 1	分配工资	550 000.00		借	1 900 000.00
12	20	转 2	领料	1 785 000.00		借	3 685 000.00
12	31	转 4	分配制造费用	241 000.00		借	3 926 000.00
12	31	转 5	结转完工成本		3 926 000.00	平	0
			本月合计	2 576 000.00	3 926 000.00	平	0

表 3-63 产品成本明细账　　完工产品产 13 910 件

产品名称 A 产品　　2010 年 12 月　　　　月末在产品数量：

项 目	凭证	原材料	工资及福利费	制造费用	成本合计
月初在产品成本		450 000.00	130 000.00	120 000.00	700 000.00
本月发生	转 1		290 000.00		
本月发生	转 2	1 000 000.00			
本月发产	转 4			101 000.00	
本月费用合计		1 000 000.00	290 000.00	101 000.00	1 391 000.00
生产费用累计		1 450 000.00	420 000.00	221 000.00	2 091 000.00
完工产品成本		1 450 000.00	420 000.00	221 000.00	2 091 000.00
单位产品成本					
月末在产品成本					

会计主管:张庆　　复核:　　　　　　　　制单:

表 3-64　产品成本明细账　　完工产品:15 800 件

产品名称:B产品　　2010年12月　　　月末在产品数量:

项　目	凭证	原材料	工资及福利费	制造费用	成本合计
月初在产品成本		540 000.00	60 000.00	50 000.00	650 000.00
本月发生	转1		260 000.00		
本月发生	转2	785 000.00			
本月发产	转4			140 000.00	
本月费用合计		785 000.00	260 000.00	140 000.00	1 185 000.00
生产费用累计		1 325 000.00	320 000.00	190 000.00	1 835 000.00
完工产品成本		1 325 000.00	320 000.00	190 000.00	1 835 000.00
单位产品成本					
月末在产品成本					

会计主管:张庆　　复核:　　　　制单:

华晨机床厂本期发生额及余额试算平衡表见表3-65。

表 3-65　本期发生额及余额试算平衡表

2010年12月31日

账户名称	初期余额		本期发生额		期末余额	
	借方	贷方	借方	贷方	借方	贷方
库存现金	200 000.00			3 000.00	197 000.00	
银行存款	6 230 000.00		5 240 000.00	184 000.00	11 286 000.00	
应收账款	1 200 000.00		614 250.00		1 814 250.00	
其他应收款	108 000.00				108 000.00	
原材料	2 500 000.00			1 800 000.00	700 000.00	
库存商品	4 060 000.00		3 926 000.00	2 550 000.00	5 436 000.00	
生产成本	1 350 000.00		2 576 000.00	3 926 000.00	0	
固定资产	29 000 000.00					
累计折旧		6 500 000.00		235 000.00		
长期股权投资	1 700 000.00				1 700 000.00	6 735 000.00
短期借款		4 500 000.00				
应付账款		920 000.00	70 000.00			4 500 000.00
其他应付款		200 000.00				850 000.00
应付职工薪酬				270 000.00		200 000.00
应交税费		650 000.00		769 250.00		270 000.00
应付利息		78 000.00	120 000.00		42 000.00	1 419 250.00
应付利润				500 000.00		500 000.00
实收资本		23 000 000.00				23 000 000.00

续表 3-65

账户名称	初期余额		本期发生额		期末余额	
	借方	贷方	借方	贷方	借方	贷方
资本公积		4 600 000.00				4 600 000.00
盈余公积		5 500 000.00		125 090.00		5 625 090.00
本年利润			3 302 110.00	4 595 000.00		
利润分配			625 090.00		625 090.00	1 292 890.00
管理费用			133 000.00	133 000.00		
制造费用			241 000.00	241 000.00		
财务费用						
主营业务成本			2 550 000.00	2 550 000.00		
所得税费用				616 110.00		616 110.00
营业外支出			3 000.00	3 000.00		
主营业务收入			4 525 000.00	4 525 000.00		
营业外收入			70 000.00	70 000.00		
合计	46 348 000.00	46 348 000.00	23 495 450.00	23 495 450.00	50 408 340.00	50 408 340.00

编制华晨机床厂资产负债表见表 3-66。

表 3-66 资产负债表

编制单位:华晨机床厂　　　　2010 年 12 月 31 日　　　　单位:元

资产	行次	年末数	年初数	负债及所有者权益	行次	年末数	年初数
流动资产				流动负债			
货币资金		10 983 000.00		短期借款		4 500 000.00	
交易性金融资产				应付账款		850 000.00	
应收账款		1 814 250.00		预收账款			
预付账款				其他应付款		200 000.00	
其他应收款		108 000.00		应付工资		1 070 000.00	
存货		6 136 000.00		应交税费		2 035 360.00	
流动资产合计		19 041 250.00		应付利息			
长期股权投资		1 700 000.00		应付利润		500 000.00	
固定资产		22 265 000.00		流动负债合计		9 155 360.00	
在建工程				长期负债			
无形资产				长期借款			
递延资产				长期负债合计			
无形及递延资产合计				所有者权益			
				实收资本		2 3000 000.00	
				资本公积		4 600 000.00	
				盈余公积		5 625 090.00	
				未分配利润		625 800.00	
				所有者权益合计		33 850 890.00	
资产总计		43 006 250.00		负债及所有者权益合计		43 006 250.00	

财务主管:张庆　　　　　　制表:

第 4 章　月末对账、结账、调账

根据《会计法》的规定，账目核对要做到账实相符、账账相符、账证相符和账表相符。但是在实际工作中，由于各种原因及环节上可能发生错误而造成账实等不符，因此，要定期和不定期进行账目核对，即对账，以使之及时发现问题，找出账实不符的原因及时进行更正，以保证提供的会计资料真实、完整。

4.1　对账

根据《会计法》的规定，各单位要依法设置的会计账簿包括总分类账（也称总账），明细分类账（也称明细账）、日记账（现金日记账和银行存款日记账）和其他辅助账（也称备查账）。月末要对这些账簿内的数据进行核对，以保证会计资料的真实、完整。

4.1.1　对账的概念

对账也称账目核对，就是按一定的方法和手续核对账目，主要是对账簿记录进行检查、核对。要建立定期的对账制度，这是保证会计账簿记录质量的重要程序。

4.1.2　对账的主要内容

（1）账证核对　是指账簿与会计凭证之间的核对，即将账簿记录与记账凭证以及所附的原始凭证进行核对，以保证账簿记录和会计凭证相一致，达到账账相符的目的。账证核对方法如图 4-1 所示。

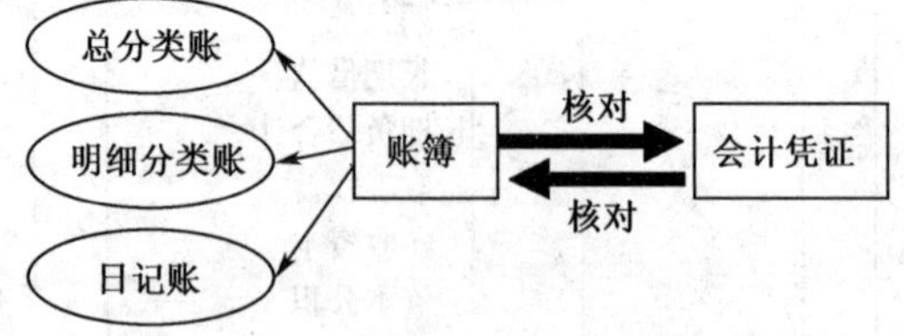

图 4-1　账证核对方法

（2）账账核对　是指账簿与账簿之间的核对。账账核对包括总账之间的核对、总账与明细分类账的核对、总账与日记账的核对、明细账之间的核对。

①总账之间的核对。总账之间的核对采用试算平衡的方法来进行。试算平衡包括发生额的试算平衡和余额的试算平衡。

a. 发生额的试算平衡是根据"有借必有贷,借贷必相等"的记账规则推导出来的。发生额的试算平衡公式如下:

全部账户本期借方发生额合计=全部账户本期贷方发生额合计

b. 余额的试算平衡是根据"资产=负债+所有者权益"这一会计恒等式推导出来的。余额的试算平衡包括期初余额的试算平衡和期末余额的试算平衡。因此,可以得出两个公式:

全部账户的期初借方余额合计=全部账户的期初贷方余额合计

全部账户的期末借方余额合计=全部账户的期末贷方余额合计

总分类账之间的核对方法如图 4-2 所示。

图 4-2 总分类账之间的核对方法

②总账与明细账的核对。由于总账和明细账采用的是平行登记的方法,因此,总账与所属明细账在数量上存在以下钩稽关系:

总账的期初余额=所属明细账期初余额合计

总账的本期发生额=所属明细账本期发生额合计

总账的期末余额=所属明细账期末余额合计

可以通过这样的钩稽关系,对总账和明细账进行核对。总分类账与明细分类账的核对方法如图 4-3 所示。

图 4-3 总分类账与明细分类账的核对方法

③总账与日记账的核对。总账与日记账在数量上存在以下钩稽关系:

总账的余额=日记账的余额

总账的本期发生额=日记账的本期发生额

可以通过这样的钩稽关系,对总账和日记账进行核对。总分类账与日记账核对方法如图 4-4 所示。

图 4-4 总分类账与日记账的核对方法

④明细账之间的核对。会计部门财产物资明细账期末余额与财产物资

保管和使用部门的有关财产物资明细账期末余额应核对相符。明细账之间的核对方法如图 4-5 所示。

图 4-5　明细账之间的校对内容

(3)账实核对　主要是在资产清查时进行，有些内容则在日常进行。账实核对是指各项财产物资、债权债务的账面余额与实有数额之间的核对，包括以下几个方面的内容：

①现金日记账的余额与库存现金数额进行核对。现金日记账的余额应每天同库存现金的数额进行核对，做到账实相符。

②银行存款日记账的余额与银行对账单的余额进行核对，至少每月核对一次。这种核对是为了查明银行存款的实有数额，属于账实核对。

③各项财产物资明细账余额与财产物资的实有数额进行核对。原材料、库存商品、固定资产等财产物资明细账的余额，应与其实有数量进行核对，以保证账实相符。

④有关债权债务明细账余额与对方单位的账面记录进行核对。各项应收款、应付款等，应将明细账余额与对方单位的账面记录进行核对，以保证账实相符。账实核对方法如图 4-6 所示。

图 4-6　账实核对方法

(4)账表核对　是指账簿的有关记录与会计报表的有关指标相核对。会计报表是根据会计账簿记录及有关资料进行归类、整理、汇总加以编制的，会计报表的有关指标应与会计账簿的有关记录相一致。账表核对方法如图 4-7 所示。

图 4-7　账表核对方法

4.2　科目汇总表账务处理程序

会计处理程序主要有记账凭证处理程序、科目汇总表处理程序和普记日记账务处理程序，企业可根据自身情况选择适用、科学的处理程序。下面以科目汇总表账务处理程序为例进行介绍。

实际会计实务要求会计人员每发生一笔业务就要记入明细分类账中。而总账中的数额是直接将科目汇总表的数额抄过去。企业可以根据业务量每隔十天或是一个月编制一次科目汇总表。

4.2.1 基本内容和特点

科目汇总表账务处理程序又称记账凭证汇总表账务处理程序，是根据记账凭证定期编制科目汇总表，再根据科目汇总表登记总分类账的一种账务处理程序。它的主要特点是先要定期地根据所有记账凭证登记T字账户汇总，然后编制科目汇总表，最后根据科目汇总表登记总分类账。科目汇总表账务处理程序的一般程序包括以下几个步骤：

①根据原始凭证编制汇总原始凭证。

②根据原始凭证或汇总原始凭证编制记账凭证。

③根据收款凭证、付款凭证逐笔登记现金日记账和银行存款日记账。

④根据原始凭证、汇总原始凭证和记账凭证登记各种明细分类账。

⑤根据各种记账凭证编制科目汇总表。

⑥根据科目汇总表登记总分类账。

⑦期末，现金日记账、银行存款日记账和明细分类账的余额同有关总分类账的余额核对相符。

⑧期末，根据总分类账的对账结果，以总分类账和明细账资料编制会计报表。

科目汇总表账务处理程序的核算程序如图4-8所示。

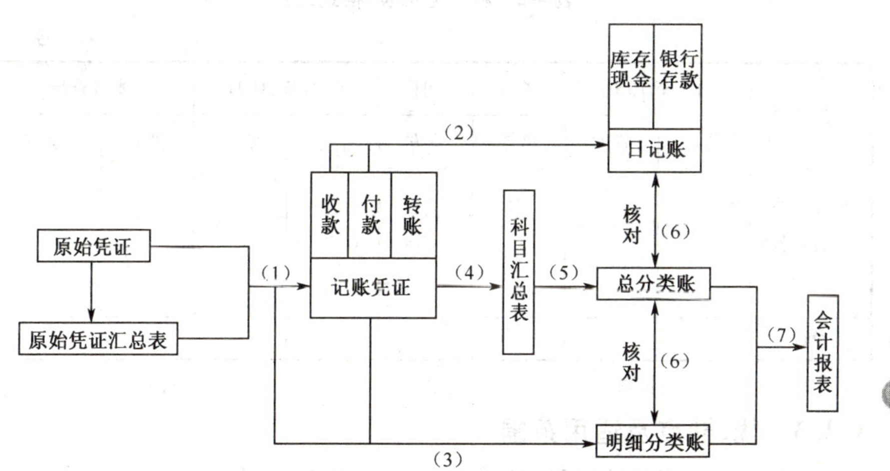

图4-8 科目汇总表账务处理程序的核算程序

4.2.2 编制方法

科目汇总表的格式类似试算平衡表，是按照每一个科目进行归类的。为便于相同账户的归类汇总，避免差错，要求所有记账凭证中的科目，只能是一个借方科目与一个贷方科目相对应，最后一栏合计的借方金额与贷方金额的合计数一定相等，不等时肯定有错误，应查账，找出原因进行更正。通常情况下，科目汇总表上的科目排列顺序应该与总分类账上的科目排列顺序相同。科目汇总表（格式一）见表 4-1，（格式二）见表 4-2。

表 4-1 科目汇总表（格式一）

年 月 日至 日　　　　第 号

会计科目	记账凭证起讫号数	本期发生额	
		借 方	贷 方
库存现金 银行存款 ……			
合计			

会计主管：　　记账：　　审核：　　制单：

（合计借方与贷方：相等）

表 4-2 科目汇总表（格式二）

第 号

会计科目	自 1 至 10 日		自 11 至 20 日		自 21 至 31 日		本月合计	
	借方	贷方	借方	贷方	借方	贷方	借方	贷方
库存现金 银行存款 ……								
总计								

会计主管：　　记账：　　审核：　　制单：

4.2.3 优、缺点及适用范围

科目汇总表账务处理程序的优缺点及适用范围如图 4-9 所示。

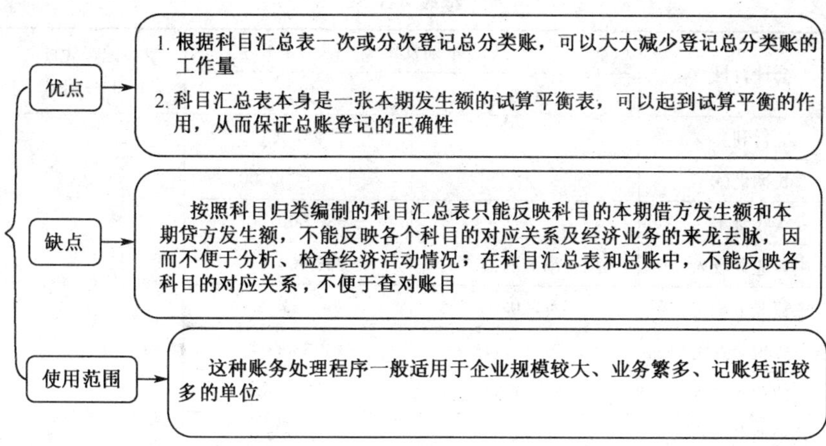

图 4-9　科目汇总表账务处理程序的优、缺点及适用范围

4.3　根据科目汇总表登记总分类账

将每个科目进行汇总，编制总分类账。例如，A 公司某月科目汇总见表 4-3，根据科目汇总表登记相关总分类账见表 4-4、表 4-5、表 4-6、表 4-7、表 4-8。

表 4-3　A 公司某月科目汇总表

2010 年 1 月 31 日

会计科目	本期发生额		记账凭证起讫号数
	借　方	贷　方	
库存现金	63 000.00	61 800.00	（略）
银行存款	1 526 660.00	251 000.00	
应收账款	103 896.00		
预付账款	60 000.00	60 000.00	
材料采购	182 790.00	152 790.00	
原材料	152 790.00	47 500.00	
库存商品	65 380.00	74 720.00	
固定资产	200 000.00		
累计折旧		22 000.00	
短期借款		100 000.00	
应付账款		35 100.00	
应交税费	30 810.00	121 460.20	
应付职工薪酬	60 000.00	68 400.00	

续表 4-3

会计科目	本期发生额		记账凭证起讫号数
	借方	贷方	
应付利息		500.00	（略）
长期借款		1 000 000.00	
实收资本		380 000.00	
主营业务收入	228 800.00	228 800.00	
主营业务成本	74 720.00	74 720.00	
营业务税金及附加	22 880.00	22 880.00	
其他业务收入	8 000.00	8 000.00	
其他业务成本	5 100.00	5 100.00	
营业外收入	12 000.00	12 000.00	
营业外支出	3 000.00	3 000.00	
生产成本	113 740.00	65 380.00	
制造费用	30 580.00	30 580.00	
管理费用	22 860.00	22 860.00	
财务费用	500.00	500.00	
销售费用	3 000.00	3 000.00	
投资收益	60 000.00	60 000.00	
所得税费用	58 324.20	58 324.20	
本年利润	190 384.20	308 800.00	
合计	¥3 279 214.40	¥3 279 214.40	

表 4-4　库存现金总分类账

总分类账

科目:库存现金　　　　（编号）＿＿＿＿　　2010 年度

记账凭单			摘要	借方	贷方	借或贷	余额
月	日	凭证号数					
1	1		期初余额			借	2 000.00
	31	科汇 1	本期发生额	63 000.00	61 800.00	借	32 000.00

表 4-5 短期借款总分类账

总分类账

科目:短期借款 (编号)________ 2010 年度

记账凭单			摘要	借方	贷方	借或贷	余额
1	日	凭证号数					
	1		期初余额			贷	360 000.00
	31	科汇 1	本期发生额		100 000.00	贷	460 000.00

表 4-6 预付账款总分类账

总分类账

科目:预付账款 (编号)________ 2010 年度

记账凭单			摘要	借方	贷方	借或贷	余额
1	日	凭证号数					
	1		期初余额			平	0
	31	科汇 1	本期发生额	60 000.00	100 000.00	平	0

表 4-7 实收资本总分类账

总分类账

科目:实收资本 (编号)________ 2010 年度

记账凭单			摘要	借方	贷方	借或贷	余额
月	日	顺序号					
			期初余额			贷	650 500.00
1	31	汇总 1	本期发生额		380 000.00	贷	1 030 500.00

表 4-8 库存商品总分类账

总分类账

科目:库存商品　　(编号)　　2010 年度

记账凭单			摘　要	借　方	贷　方	借或贷	余　额
月	日	顺序号					
			期初余额			借	600 000.00
1	31	汇总 1	本期发生额	65 380.00	74 720.00	借	590 660.00

4.4 结账

4.4.1 结账的概念

结账是指在一定会计期间(如月、季、年度)将本期内所有发生的经济业务全部登记入账,并计算出本期发生额及期末余额。结账是建立在会计分期的前提下。结账是在期末对会计账簿记录所进行的结算工作,并为编制会计报表、进行会计分析以及检查财务计划的执行情况提供资料。

4.4.2 结账的程序

①将本期发生的经济业务事项全部登记入账,并保证其正确性。

②按权责发生制的要求,调整有关账项,合理确定本期应计收入和应计费用。

③将损益类科目转入“本年利润”科目,结平所有损益类科目。具体会计分录如下:

a. 将本期的收入转入本年利润。

借:主营业务收入
　　其他业务收入
　　营业外收入
　　投资收益等
　　贷:本年利润

b. 将本期的费用转入本年利润。

借:本年利润
　　贷:主营业务成本

营业税金及附加
其他业务成本
销售费用
管理费用
财务费用
营业外支出
所得税费用等

c. 将制造费用转入生产成本。
借:生产成本——A产品
——B产品
贷:制造费用

d. 结转已出售商品的成本。
借:主营业务成本
贷:库存商品

④选用表4-3A公司某月科目汇总表,结算各种资产、负债和所有者权益账户,分别结出各账户的本期发生额和期末余额见表4-9、表4-10、表4-11、表4-12、表4-13。

表4-9　结转库存现金总分类账本期发生额和期末余额

总分类账

科目:库存现金　　(编号)　　2010 年度

记账凭单			摘要	借方	贷方	借或贷	余额
月	日	凭证号数					
1	1		期初余额			借	2 000.00
	31	科汇1	本期发生额	63 000.00	61 800.00	借	32 000.00
			本期发生额及余额	63 000.00	61 800.00	借	32 000.00

表4-10　结转短期借款总分类账本期发生额和期末余额

总分类账

科目:短期借款　　(编号)　　2010 年度

记账凭单			摘要	借方	贷方	借或贷	余额
1	日	凭证号数					
	1		期初余额			贷	360 000.00
	31	科汇1	本期发生额	100 000.00	贷		460 000.00
			本期发生额及余额		100 000.00	贷	460 000.00

表 4-11　结转预付账款总分类账本期发生额和期末余额

总分类账

科目:预付账款　（编号）　2010 年度

记账凭单			摘要	借方	贷方	借或贷	余额
月	日	顺序号					
			期初余额				0
1	31	汇总 1	本期发生额	60 000.00	60 000.00	平	0
			本期发生额及余额	60 000.00	60 000.00	平	0

表 4-12　结转实收资本总分类账本期发生额和期末余额

总分类账

科目:实收资本　（编号）　2010 年度

记账凭单			摘要	借方	贷方	借或贷	余额
月	日	顺序号					
			期初余额			贷	650 500.00
1	31	汇总 1	本期发生额		380 000.00	贷	1 030 500.00
			本期发生额及余额		380 000.00	贷	1 030 500.00

表 4-13　结转库存商品总分账本期发生额和期末余额

总分类账

科目:库存商品　（编号）　2010 年度

记账凭单			摘要	借方	贷方	借或贷	余额
月	日	顺序号					
			期初余额			借	600 000.00
1	31	汇总 1	本期发生额	65 380.00	74 720.00	借	590 660.00
			本期发生额及余额	65 380.00	74 720.00	借	590 660.00

4.4.3 结账的方法

结账可分为月结和年结两种，一般采用画线结账的方法进行结账。

①开始结账前，应在本会计期间最后一笔业务下划一单线，从摘要栏划至余额栏分位为止。应在结账线下摘要栏内填写“本月合计”、“本季合计”、“本年累计”，从日期栏划一条通栏线，以示结账结束和将上下两个不同的会计期间分隔开。月结线划通栏单线，年结线划通栏双线，以示封账。结账线一般划红线。年末如有余额，在年结线下摘要栏内填写“结转下年”，发生额、余额均不填写。如无余额，空置不填。

②全月只发生一笔业务的账户，不结计本月合计数，只要在这一笔业务下划一条通栏单线，以示与下月业务分开。但如果为年结，仍然要划通栏双线。如需要结计本年累计发生额，仍应按结计本年累计的方法，上下划线。

③全月最后一笔账都应结计余额并注明借或贷，无余额的应在余额栏内用“0”表示，并在“借或贷”栏填“平”。

④实际工作中，现金日记账、银行存款日记账都应结计本月合计、本年累计。

⑤年度结账时，应将全年发生额的合计数填制于12月份结账记录的下面，在摘要栏内注明“全年发生额及年末余额”字样，并在数字下划双红线，表示“封账”。年度终了，要把各账户的余额结转到下一会计年度，并在“摘要”栏注明“结转下年”字样。在下一会计年度新建会计账簿的第一行“余额”栏内填写上年结转的余额，并在“摘要”栏注明“上年结转”字样。

⑥结账时，如果余额出现负数，可在余额栏用红字登记，但如果余额栏前有余额方向，“借或贷”则应用蓝黑墨水书写，不能使用红色墨水。总分类账的画线结账方法见表4-14。

表4-14 总分类账的画线结账方法

总分类账

科目：银行存款（编号）2010 年度

记账凭单			摘要	借方	贷方	借或贷	余额
月	日	顺序号					
			期初余额			借	650 000.00
1	31	汇总1	本期发生额	1 526 660.00	251 000.00	借	1 925 660.00
			本月合计	1 526 660.00	251 000.00	借	1 925 660.00

月结用红线

4.5 调账

4.5.1 调账的概念

调账是会计调整的简称，是指因按照国家法律、行政法规和会计制度的要求，或因特定情况下，按照会计制度规定，对原采用的会计政策、会计估计以及发现的会计差错，发生的资产负债表日后事项等需要做出的会计调整。

4.5.2 调账的原因

调账的原因有以下几种：

①如果《企业会计准则》、全国统一会计制度及其他法律法规、规章要求企业采用新的会计政策时，则应按照这些规定改变原来的会计政策，按新的会计政策执行。根据国家财务制度的要求，企业采用的会计政策，前后各期应当保持一致，不得随意变更，但如果因法律或行政法规、经济等原因，使得变更会计政策后企业单位能够提供更可靠、更相关的会计信息，则应改变原来选用的会计政策。为便于前后期的对比，所以要进行调账。

②对于已经发生的交易或事项，应根据当时所掌握的资料做出合理的估计。如果由于当初进行估计的基础发生了变化或是由于各种原因造成会计核算的差错，在发现的本年度，就需要按照有关规定进行会计调整。

③年度资产负债表日至财务报告批准报出之日期间，如果发现的报告年度及以前年度有会计差错的，应按《企业会计准则》中的"资产负债表日后事项"的规定进行调账。

4.5.3 期末账项的调整

期末账项调整的依据是权责发生制和收付实现制。权责发生制又称应收应付制或应计制，是以是否取得收到现金的权利或发生支付现金的责任即权责的发生为标志来确认本期收入和费用以及债权和债务。我国的《基本会计准则》规定，企业应当以权责发生制为基础进行会计核算。收付实现制又称现收现付制或现金制，是与权责发生制相对应的一种会计基础，以实际收到或支付现金的时间来确认各会计期间的收入、费用的确认、计量和报告。我国的行政单位会计采用收付实现制，事业单位会计除经营业务可以采用权责发生制外，其他大部分业务采用收付实现制。

期末账项调整内容如图4-10所示。

(1)应计收入调整 是指本期已经实现、但尚未收到款项的收入。这些收入平时没有记录，但是到了期末必须查明原因，并予以调整入账，计入本期

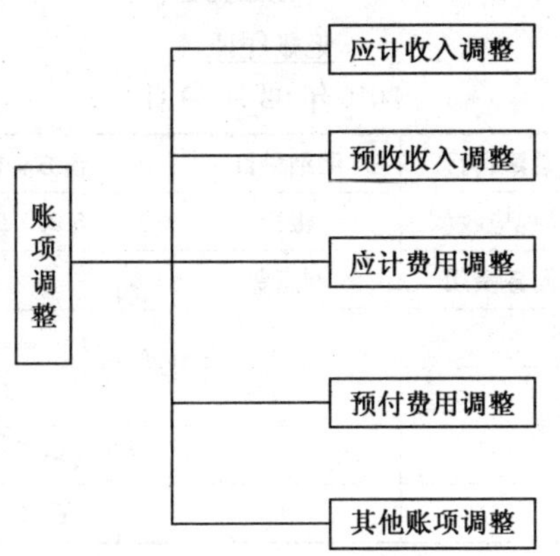

图 4-10　期末账项调整内容

收入。

[业务 1]:新鑫机械公司 2010 年有下列调整账项,估计收入计入应收款项,收到款项时再冲销应收款项。

①公司将 1 月末估计的当月银行存款利息 5000 元确认为本期收入入账，填制的记账凭证(1)见表 4-15。

表 4-15　记账凭证(1)

记账凭证

2010 年 01 月 31 日　　记字第 1 号

摘　要	总账科目	明细科目	√	借方金额	√	贷方金额
1 月份预计的利息收入	其他应收款	银行		5 000.00		
	财务费用	利息费				5 000.00
合　计				¥5 000.00		¥5 000.00

附单据　张

财务主管：张庆　记账：王露　出纳：张平　审核：张庆　制单：王露

②新鑫机械公司将 2 月末估计的当月银行存款利息 5 000 元确认为本期收入入账,填制的记账凭证(2)见表 4-16。

③新鑫机械公司 3 月末将实际收到的本季度银行存款利息 16 000 元登记入账,冲销“其他应收款”,填制的记账凭证(3)见表 4-17。

[业务 2]:新鑫机械公司 2010 年 2 月末将未达货款 300 000 元估价入账。

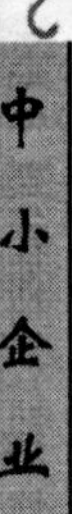

表 4-16　记账凭证(2)

记账凭证

2010年02月29日　　　　记字第 2 号

摘　要	总账科目	明细科目	√	借方金额	√	贷方金额
2月份预计的利息收入	其他应收款	银行		5 000.00		
	财务费用	利息费				5 000.00
合　计				¥5 000		¥5 000

附单据　张

财务主管：张庆　记账：王露　出纳：张平　审核：张庆　制单：王露

表 4-17　记账凭证(3)

记账凭证

2010年03月31日　　　　记字第 3 号

摘　要	总账科目	明细科目	√	借方金额	√	贷方金额
实际收到的本季	银行存款			16 000.00		
度银行存款利息	财务费用	利息费				10 000.00
	其他应收款					6 000.00
合　计				¥16 000.00		¥16 000.00

附单据　张

财务主管：张庆　记账：王露　出纳：张平　审核：张庆　制单：王露

填制的记账凭证(4)见表4-18。

表 4-18　记账凭证(4)

记账凭证

2010年03月31日　　　　记字第 4 号

摘　要	总账科目	明细科目	√	借方金额	√	贷方金额
将A公司未达货款暂估入账	应收账款	A公司		300 000.00		
	主营业务收入					300 000.00
合　计				¥3 000.00		¥3 000.00

附单据　张

财务主管：张庆　记账：王露　出纳：张平　审核：张庆　制单：王露

(2)预收收入的调整 是指企业已经收到的款项、但尚未交付商品或提供劳务的收入。会计期末需要作相应的调整，将已实现的部分计为本期收入，未实现的部分递延到下期，作为负债处理。

[业务 3]:新鑫机械公司发生下列预收收入业务：

①3 月 30 日预收到 B 公司款项 150 000 元，填制的记账凭证(5)见表4-19。

表 4-19 记账凭证(5)

记账凭证

2010 年 03 月 31 日　　　记字第 5 号

摘 要	总账科目	明细科目	✓	借方金额	✓	贷方金额
预收到 B 公司款项	银行存款	B		150 000.00		
	预收账款	B公司				150 000.00
合 计				¥150 000.00		¥150 000.00

附单据 张

财务主管：张庆　记账：王露　出纳：张平　审核：张庆　制单：王露

②新鑫机械公司 4 月份向 B 公司发出商品 500 件，每件售价 200 元，每件成本 150 元，填制的记账凭证(6)、(7)见表 4-20、表 4-21。

表 4-20 记账凭证(6)

2010 年 04 月 30 日　　　记字第 6 号

摘 要	总账科目	明细科目	✓	借方金额	✓	贷方金额
发出商品销售	预收账款			117 000.00		
	主营业务收入					100 000.00
	应交税费	应交增值税（销项税额）				17 000.00
合 计				¥117 000.00		¥117 000.00

附单据 张

财务主管：张庆　记账：王露　出纳：张平　审核：张庆　制单：王露

表 4-21 记账凭证(7)

2010 年 04 月 30 日　　　　记字第 7 号

摘　要	总账科目	明细科目	√	借方金额	√	贷方金额
结转成本	主营业务成本			75 000.00		
	库存商品					75 000.00
合　计				￥75 000.00		￥75 000.00

附单据　张

财务主管：张庆　记账：王露　出纳：张平　审核：张庆　制单：王露

(3)应计费用调整　是指企业本期已经发生或已经由本期受益、但尚未入账、也未支付款项的费用。这些费用应当归属本期负担，应在期末予以调整入账，即“先提后付”业务。

[业务 4]：新鑫机械公司月末将 1 月、2 月、3 月短期借款利息 3 000 元确认为本期费用，3 月末支付款项 8 600 元，进行账务处理。

①公司 1 月末将本月短期借款利息确认为本期费用，预提入账，填制的记账凭证(8)见表 4-22。

表 4-22 记账凭证(8)

记账凭证

2010 年 01 月 31 日　　　　记字第 8 号

摘　要	总账科目	明细科目	√	借方金额	√	贷方金额
1 月末估计的本	财务费用			3 000.00		
月短期借款利息	应付利息					3 000.00
合　计				￥3 000.00		￥3 000.00

附单据　张

财务主管：张庆　记账：王露　出纳：张平　审核：张庆　制单：王露

②公司 2 月末将本月短期借款利息 3 000 元确认为本期费用预提入账，填制的记账凭证(9)见表 4-23。

③公司 3 月末将实际支付的本季度短期借款利息 8 600 元登记入账，填制的记账凭证(10)见表 4-24。

表 4-23　记账凭证(9)

记账凭证

2010 年 02 月 29 日　　　　记字第 9 号

摘　要	总账科目	明细科目	√	借方金额	√	贷方金额
2 月末估计的本	财务费用			3 000.00		
月短期借款利息	应付利息					3 000.00
合　计				¥3 000.00		¥3 000.00

附单据　张

财务主管：张庆　　记账：王露　　出纳：张平　　审核：张庆　　制单：王露

表 4-24　记账凭证(10)

记账凭证

2010 年 03 月 30 日　　　　记字第 10 号

摘　要	总账科目	明细科目	√	借方金额	√	贷方金额
3 月末实际支付短期借款利息	财务费用			2 600.00		
	应付利息			6 000.00		
	银行存款					8 600.00
合　计				¥8 600.00		¥8 600.00

附单据　张

财务主管：张庆　　记账：王露　　出纳：张平　　审核：张庆　　制单：王露

(4)预付费用调整　是指企业在本期或前期已经支付入账、但系后续会计期间受益而应归属于后续会计期间负担的费用，应概括后续会计期间的受益比例，分期摊销，即“先付后摊”的业务。

[业务 5]：新鑫机械公司 1 月底支付了第一季度的报刊费 3 000 元，分别摊销到各月相应费用中。

①公司 1 月份预付报刊费，共计支付了款项 3 000 元，填制的记账凭证(11)见表 4-25。

②公司 1 月末摊销 1 000 元报刊费时，填制的记账凭证(12)见表 4-26。

③公司在 2 月、3 月末摊销报刊费的账务处理与 1 月份相同。

(5)其他账项调整　是指除应计收入调整、预收收入调整、应计费用调整、预付费用调整以外的账项调整，如固定资产折旧的调整、资产减值准备的

调整和应交税费的调整等。其他账项的调整内容如图 4-11 所示。

表 4-25　记账凭证(11)

记账凭证

2010 年 01 月 31 日　　　　记字第　11　号

摘　要	总账科目	明细科目	✓	借方金额	✓	贷方金额
预付第一季度报刊费	其他应收款	报刊费		3 000.00		
	银行存款					30 000.00
合　计				¥3 000.00		¥3 000.00

附单据　张

财务主管：张庆　记账：王露　出纳：张平　审核：张庆　制单：王露

表 4-26　记账凭证(12)

记账凭证

2010 年 01 月 31 日　　　　记字第　＿　号

摘　要	总账科目	明细科目	✓	借方金额	✓	贷方金额
摊销报 1 月份刊费	管理费用	报刊费		1 000.00		
	其他应收款					1 000.00
合　计				¥1 000.00		¥1 000.00

附单据　张

财务主管：张庆　记账：王露　出纳：张平　审核：张庆　制单：王露

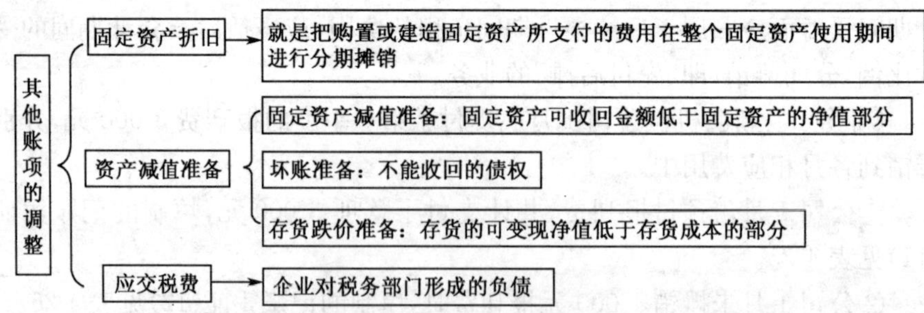

图 4-11　其他账项的调整内容

［业务 6］：甲公司 2010 年 9 月末计提当月固定资产折旧，其中，生产车间用房屋及机器设备应计提折旧额 21 000 元，办公用房屋及设备应提折旧额为

5 000元，填制的记账凭证(13)见表4-27。

表4-27　记账凭证(13)

记账凭证

2010年09月30日　　　　记字第 13 号

摘　要	总账科目	明细科目	√	借方金额	√	贷方金额
计提9月份固定资产折旧	制造费用	折旧费		21 000.00		
	管理费用	折旧费		5 000.00		
	累计折旧					26 000.00
合　计				￥26 000.00		￥26 000.00

附单据　张

财务主管：张庆　记账：王露　出纳：张平　审核：张庆　制单：王露

[业务7]：甲公司2010年末应收账款账户借方余额50 000元，企业按应收账款余额的3%计提坏账准备。

应计提坏账准备＝50 000×3%＝1 500(元)

填制的记账凭证(14)见表4-28。

表4-28　记账凭证(14)

记账凭证

2010年12月31日　　　　记字第 14 号

摘　要	总账科目	明细科目	√	借方金额	√	贷方金额
计提应收账款坏账准备	资产减值损失			1 500.00		
	坏账准备					1 500.00
合　计				￥1 500.00		￥1 500.00

附单据　张

财务主管：张庆　记账：王露　出纳：张平　审核：张庆　制单：王露

[业务8]：乙公司2010年9月末存货的账面价值为500 000元，经测算可变现净值为480 000元，应计提存货跌价准备20 000元，填制的记账凭证(15)见表4-29。

[业务9]：2010年9月末，甲公司根据测试和计算结果，确认运输用汽车发生减值20 000元，填制的记账凭证(16)见表4-30。

表 4-29　记账凭证(15)

记账凭证

2010 年 09 月 30 日　　　　记字第 15 号

摘　要	总账科目	明细科目	√	借方金额	√	贷方金额
计提存货坏账准备	资产减值损失			20 000.00		
	存货跌价准备					20 000.00
合　计				¥20 000.00		¥20 000.00

附单据　　张

财务主管：张庆　记账：王露　出纳：张平　审核：张庆　制单：王露

表 4-30　记账凭证(16)

记账凭证

2010 年 09 月 30 日　　　　记字第 16 号

摘　要	总账科目	明细科目	√	借方金额	√	贷方金额
计提运输用汽车减值账准备	资产减值损失			20 000.00		
	固定资产减值					20 000.00
合　计				¥20 000.00		¥20 000.00

附单据　　张

财务主管：张庆　记账：王露　出纳：张平　审核：张庆　制单：王露

[业务 10]：2010 年 9 月末，乙公司计算出本月应交营业税为 5 000 元，应交城市维护建设税 350 元，应交教育费附加 150 元，填制的记账凭证(17)见表 4-31。

4.5.4 财产的清查

财产清查也称财产检查，是指企业对实物、现金的实地盘点和对银行存款、债权债务的核对，确定各项财产物资、货币资金、债权债务的实存数，以查明账存数与实存数是否相符，并查明不符原因的一种专门的会计核算方法。

财产清查方法如图 4-12 所示。

表 4-31 记账凭证(17)

记账凭证

2010 年 09 月 30 日　　　　记字第 17 号

摘 要	总账科目	明细科目	√	借方金额	√	贷方金额
计提税费	营业税金及附加			5 500.00		
	应交税费	应交营业税				5 000.00
	应交税费	应交城市维护建设税				350.00
	应交税费	应交教育费附加				150.00
合 计				¥5 500.00		¥5 500.00

附单据　张

财务主管：张庆　记账：王露　出纳：张平　审核：张庆　制单：王露

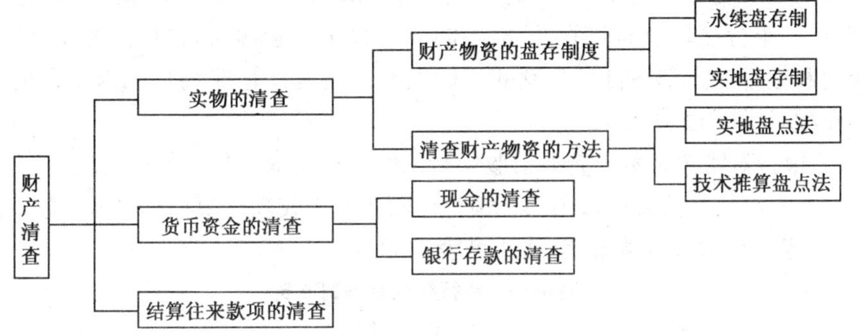

图 4-12 财产清查方法

1. 货币资金的清查

(1)现金的清查　采用实地盘点的方法，确定库存现金的实存数，然后与现金日记账的账面余额核对，以查明账款是否相符。

在现金清查中，为了明确责任，出纳人员必须在场，应根据现金盘点结果，编制“现金盘点报告表”。“现金盘点报告表”应有盘点人员和出纳人员共同签字方能生效。“现金盘点报告表”的样式见表 4-32。

表 4-32 现金盘点报告表

单位名称：　　　　年　月　日　　　　单位:元

实存金额	账存金额	实存与账存对比		备 注
		盘亏	盘盈	

负责人盖章：　　　　盘点人盖章：　　　　出纳人员签章：

(2)银行存款的清查　是将“银行存款日记账”的余额与开户银行发来的

对账单余额逐笔进行核对。核对中，如果两方的余额不等，原因可能有两个：一是记账错误，给予更正；二是未达账项造成的，要通过编制"银行存款余额调节表"进行调整。

所谓未达账项是指企业与银行之间由于取得结算凭证传递的时间不同，致使记账时间不一致，造成一方已取得结算凭证并登记入账，而另一方尚未收到结算凭证尚未入账的款项。未达账项有以下四种情况：

①企业已收款入账，银行尚未收款入账。

②企业已付款入账，银行尚未付款入账。

③银行已收款入账，企业尚未收款入账。

④银行已付款入账，企业尚未付款入账。

如果发现有未达账项，应编制"银行存款余额调节表"，对未达账项进行调整。"银行存款余额调节表"常用的编制方法是余额法，也称为补记法，即企业和银行双方都在自身余额的基础上补记对方已记账而自己未记账的未达账项，计算公式如下：

银行对账单余额＋企业已收银行未收款－企业已付银行未付款＝

企业银行存款日记账余额＋银行已收企业未收款－银行已付未付款

"银行存款余额调节表"格式见表4-33。

表4-33　银行存款余额调节表

年　月　日　　　　　　　　　　单位：

项　　目	金额	项　　目	金额
银行对账单 加：企业已收，银行未收款项 减：企业已付，银行未付款项		企业银行存款日记账余额 加：银行已收，企业未收款项 减：银行已付，企业未付款项	
调整后的余额		调整后的余额	

资料：新鑫机械公司2010年1月31日，银行存款日记账账面余额为36 500元，银行对账单余额为38 750元。经查，发现有以下未达账项：

a. 1月28日，企业送存银行一张转账支票，金额4 000元，银行尚未入账；

b. 1月29日，银行收取企业借款利息426元，企业尚未收到付款通知；

c. 1月30日，企业委托银行收款4 576元，银行已入账，企业尚未收到收款通知；

d. 1月30日，企业开出转账支票一张，金额2 100元，持票单位尚未到银行办理手续。

根据上述资料，采用余额法编制"银行存款余额调节表"见表4-34。

表 4-34　银行存款余额调节表

2010 年 1 月 31 日　　　　单位:元

项　目	金额	项　目	金额
银行对账单	38 750.00	企业银行存款日记账余额	36 500.00
加:企业已收,银行未收	4 000.00	加:银行已收,企业未收	4 576.00
减:企业已付,银行未付	2 100.00	减:银行已付,企业未付	426.00
调整后的余额	40 650.00	调整后的余额	40 650.00

2. 实物的清查

(1)财产物资盘存制度　对于清查实物需建立财产物资盘存制度。财产物资盘存制度又称财产物资的盘存方法。按照财产物资账面结存数量的依据不同,财产物资的盘存制度分为实地盘存制和永续盘存制。

①实地盘存制,又称定期盘存制。采用这种方法时,会计平时根据会计凭证在有关账簿中只登记存货的增加数,不登记存货的减少数,月末通过实地盘点,将盘点的实存数作为账面结存数,然后倒挤推算出本期发出数。其计算公式如下:

期初结存数+本期增加数-期末实际结存数=本期发生数

②永续盘存制,又称账面盘存制,是指平时对各项财产物资的增减变动都必须根据会计凭证逐日逐笔地在有关账簿中登记、并随时结出其账面结存数量的一种盘存方法。其计算公式如下:

期初结存数+本期收入数-期末发出数=本期结存数

在实际工作中,大多数企业财产物资的盘存方法一般都采用永续盘存制。

(2)确定财产物资单价的方法　有先进先出法、移动加权平均法、月末一次加权平均法和个别计价法。

①先进先出法是以先购入的存货应先发出这样一种存货实物流动假设为前提、对发出存货进行计价的方法。

②移动加权平均法是指以每次进货成本加上原有库存存货的成本,除以每次进货数量与原有库存存货的数量之和,据以计算存货的加权平均单位成本,作为在下次进货前计算各次发出存货的成本以及期末存货的成本依据。

③月末一次加权平均法是指以当月全部进货数量加上月初存货数量作为权数,除以当月全部进货成本加上月初存货成本,计算出存货的加权平均单位成本,以此为基础计算当月发出存货的成本和期末存货成本的一种方法。

④个别计价法是把每一种存货的实际成本作为计算发出存货成本和期

末存货成本基础。各项结算往来款项一般采用函证核对的方法进行清查。

3. 结算往来款项的清查

往来款项包括应收账款、其他应收款、应付账款、其他应付款及预收账款、预付账款等。结算往来款项一般采取询证核对法进行清查。询证核对法是指通过信件与经济往来单位核对账目的方法。清查单位按每一个经济往来单位编制"往来款项对账单"送往各个经济往来单位。对方核实无误后,在回执栏上盖公章退回,表示核对完成。如果对方核实有误,要在回执栏上注明情况,或另抄对账单一份退回本单位,查明原因,进行核对,核对无误后盖公章退回。往来款项对账单格式见下表 4-35。

表 4-35 往来款项对账单

往来款项对账单(对账联)
×××单位: 贵单位于 2011 年 11 月 23 日到我单位购买 A 产品 1 800 件,已付货款 3 600 元,尚有 2 400 元货款未付,请核对后将回联单寄回。 清查单位盖章 2011 年 12 月 26 日
往来款项对账单(回执联) ×××(清查)单位: 贵单位寄来的"往来款项对账单"已受到,经核对无误。 单位盖章 2011 年 12 月 28 日

往来款项清查结束后,应编制往来账项清查表,填制各项应收、应付款项的余额。"往来账项清查表"的格式见表 4-36。

表 4-36 往来账项清查表

编制单位: 年 月 日

总分类账户	明细分类账户	账面结存余额	对方结存金额	对比结果	差异原因分析及金额	备注

清查员(签章) 记账员签章

4. 财产清查结果的账务处理

(1)账实不符的原因 由于管理制度不健全、计量不准等原因,公司财产会发生实存数与账存数不一致，是体会有以下情况：

①实存数大于账存数，称为盘盈。

②实存数等于账存数，称为毁损。

③实存数小于账存数，称为盘亏。

当实存数与账存数一致，但实存的财产物资有质量问题，不能按正常的财产物资使用，称为毁损。不论是盘盈、盘亏，还是毁损，都需要进行账务处理，调整账存数，使账存数与实存数一致，以保证账实相符。

(2)财产清查结果的账务处理

①审批前的处理。根据清查情况编制“财产盈亏报告单”，对产生差异的原因进行分析，明确经济责任，提出处理意见，报告上级领导和有关部门批准，提出具体处理办法。涉及的主要会计科目有“待处理财产损溢”。该账户为双重性账户，其“借”、“贷”方增减变化根据不同情况确定（固定资产盘盈除外）。账务处理方法为：

发现盘盈时，借：原材料（或库存现金等科目）

贷：待处理财产损溢（盘盈的固定资产除外）

发现盘亏时，借：待处理财产损溢

贷：原材料（或库存现金、固定资产等科目）

②审批后的处理。将发现的盘亏、盘盈情况报上级领导和有关部门批准，提出具体处理办法后，将“待处理财产损溢”予以结转。账务处理方法为：

结转盘盈时，借：待处理财产损溢

贷：管理费用（营业外支出等）

结转盘亏时，借：管理费用（营业外支出等）

贷：待处理财产损溢

“待处理财产损溢”账户的结构如图 4-13 所示 。

借方	待处理财产损溢 贷方
(1)发生的待处理财产物资的盘亏和毁损金额 (2)结转已批准处理的财产物资的盘盈（盘盈的固定资产除外）金额	(1)发生的待处理财产物资的盘盈金额 (2)结转已批准处理的财产物资的盘亏和毁损金额

图 4-13 “待处理财产损溢”账户的结构图

(3)盘盈的固定资产的账务处理 新会计准则规定，盘盈的固定资产应作为前期差错处理，通过“以前年度损益调整”账户进行核算。

企业发现盘盈的固定资产时，按盘盈固定资产的重置价值减去估计价值损耗（折旧）后的余额，借记“固定资产”账户，贷记“以前年度损益调整”账户；

经部门领导审批后，按盘盈的固定资产净值，借记“以前年度损益调整”账户，盘盈调整增加的所得税费用，贷记“应交税费——应交所得税”账户，按其余额，贷记“利润分配——未分配利润”账户。

(4)实例资料

[业务 1]：新鑫机械公司月末清查时发现盘盈八成新汽车一辆，其重置价值为 15 万元，应征所得税费 3 万元。账务处理如下。

①批准前，发现盘盈时，借：固定资产　　120 000

　　贷：以前年度损益调整　　120 000

②经审核该项盘盈应调整所得税费 30 000 元。

　　借：以前年度损益调整　　30 000

　　　贷：应交税费——应交所得税　　30 000

③结转为公司的留存收益时。

　　借：以前年度损益调整　　90 000

　　　贷：盈余公积——法定盈余公积　　9 000

　　　　利润分配——未分配利润　　81 000

[业务 2]：新鑫机械公司在财产清查中发现盘盈固定资产设备一台，重置价值1 610元，已提折旧 360 元。账务处理如下：

发现固定资产盘盈时：

　　借：固定资产　　1 610

　　　贷：累计折旧　　360

　　　　以前年度损溢调整　　1 250

[业务 3]：新鑫机械公司在现金清查中发现多余现金 20 元，经查原因不明，领导批复作为“管理费用”处理。账务处理如下：

批准前，根据“现金盘点报告表”所确定的现金盘盈数据，编制会计分录为：

　　借：库存现金　　20

　　　贷：待处理财产损溢　　20

批准后，借：待处理财产损溢　　20

　　　贷：管理费用　　20

[业务 4]：新鑫机械公司在现金清查中发现短缺现金 560 元，经查原因不明，领导批复出纳人员张平负责赔偿。账务处理如下：

批准前，根据"现金盘点报告表"所确定的现金盘亏数据，编制会计分录为：

借：待处理财产损溢 560

贷：库存现金 560

批准后，借：其他应收款——张平 560

贷：待处理财产损溢 560

[业务 5]：新鑫机械公司在财产清查中发现盘盈甲原材料 10 千克，价值 1 500 元。经查属于计量仪器不准所致，领导批复作为管理费用处理，账务处理如下：

批准前，根据"实存账存对比表"所确定的现金盘盈数据，编制会计分录为：

借：原材料——甲材料 1 500

贷：待处理财产损溢 1 500

批准后，借：待处理财产损溢 1 500

贷：管理费用 1 500

[业务 6]：新鑫机械公司在财产清查中发现盘亏乙原材料 10 千克，价值 1 200 元。经查属于过失人王东造成的损失 1 000 元，自然损耗 200 元，账务处理如下：

批准前，根据"实存账存对比表"所确定的现金盘亏数据，编制会计分录为：

借：待处理财产损溢 1 200

贷：原材料——乙材料 1 026

应交税费——应交增值税(进项税额转出) 174

批准后，借：其他应收款——王东 1 000

管理费用 200

贷：待处理财产损溢 560

[业务 7]：新鑫机械公司在财产清查中发现盘亏固定资产车床一台，账面原始价值 30 000 元，已提折旧 18 000 元。账务处理如下：

批准前，根据“固定资产盘盈盘亏报告表”中的固定资产盘亏数据，编制会计分录为：

借：待处理财产损溢　　30 000
　　累计折旧　　18 000
　　贷：固定资产　　48 000

批准后，借：营业外支出——盘亏损失　　30 000
　　贷：待处理财产损溢　　30 000

第 5 章 报表编制

5.1 财务报表概述

5.1.1 财务报表的概念及作用

财务报表是对企业财务状况、经营成果和现金流量的结构性表述。一套完整的财务报表至少应当包括资产负债表、利润表、现金流量表、所有者权益(或股东权益)变动表以及附注。资产负债表、利润表和现金流量表分别从不同角度反映企业的财务状况、经营成果和现金流量。

企业编制财务报表的作用是向财务报表使用者提供与企业财务状况、经营成果和现金流量等有关的会计信息,反映企业管理层受托责任的履行情况,有助于财务报表使用者作出经济决策。

5.1.2 财务报表的组成

财务报表是根据会计账簿记录和有关资料,按照规定的报表格式编制的,总括反映报告主体一定会计期间的经济活动和财务收支情况及其结果的报告性文件。

资产负债表是反映企业在某一特定日期财务状况的报表。利润表是反映企业在一定会计期间经营成果的报表。现金流量表是反映企业在一定会计期间现金流动情况的报表。所有者权益变动表是反映组成所有者权益的各组成部分当期的增减变动情况的报表。附注是财务报表不可或缺的组成部分,是对报表的文字描述或明细资料,以及对未能在这些报表中列示项目的说明等。

按照《企业财务会计报告条例》的规定,企业财务报表附注至少应包括以下内容:

①不符合基本会计假设的说明。

②重要会计政策和会计估计变更情况、变更原因及其对财务状况和经营成果的影响。

③有关事项和资产负债表日后事项的说明。

④关联方关系及其交易说明。

⑤重要资产转让及其出售情况。

⑥企业合并、分立。

⑦重大投资、融资活动。

⑧财务报表中重要项目的明细资料。

⑨有助于理解和分析会计报表需要说明的其他事项。

5.1.3 财务报表的分类

财务报表可以按照不同的标准进行不同的分类,大体概括为四大类:

①按财务报表编报期间的不同,可以分为中期财务报表和年度财务报表。

年度财务报表简称年报,是企业的年度决算报表,主要包括资产负债表、利润表、现金流量表、所有者权益变动表以及附注。

中期财务报表是以短于一个完整会计年度的报告期间为基础编制的财务报表,包括月报、季报和半年报等。中期财务报表至少应当包括资产负债表、利润表、现金流量表和附注,其中,中期资产负债表、利润表、现金流量表应当是完整报表,其格式和内容应当与年度财务报表相一致。但与年度财务报表比,中期财务报表中的附注可适当简略。

②按财务报表反映财务活动方式的不同,可以分为静态财务报表和动态财务报表。

静态财务报表指反映企业特定时点上有关资产、负债和所有者权益情况的财务报表,一般应根据各个账户的"期末余额"填列,如资产负债表。动态财务报表指反映企业一定时期内资金耗费和收回情况,以及经营成果等情况的财务报表,一般应根据有关账户的"发生额"填列,如利润表、现金流量表和所有者权益变动表。

③按财务报表的报送对象不同,分为对外财务报表和对内财务报表。

对外财务报表是指企业为满足外部会计信息使用者的需要而定期对外报送的财务报表。我国企业会计制度规定,企业对外报送的财务报表包括资产负债表、利润表、现金流量表、所有者权益变动表、分部报表和报表附注。对外财务报表是按企业会计准则的要求编制的,有统一的格式和指标体系。

对内财务报表又称为管理报表,是为了适应企业内部经营管理的需要,自行设计、编制的报表,没有统一规定的格式和指标体系。

④按财务报表编制范围的不同,可以分为个别财务报表和合并财务报表。

个别财务报表是独立核算的企业用来反映其自身财务状况、经营活动和现金流量情况的财务报表。合并财务报表则是指由母公司编制、以母公司和子公司组成的企业集团为会计主体,反映整个企业集团财务状况、经营活动

和现金流量情况的财务报表。

5.2 资产负债表

5.2.1 资产负债表的概念及作用

资产负债表是反映企业某一特定日期(如月末、季末、年末等)财务状况的会计报表。编制资产负债表的理论依据是资产=负债+所有者权益。

资产负债表的作用是通过资产负债表,可以反映企业在某一特定日期所拥有或控制的经济资源、所承担的现时义务和所有者对净资产的要求权,帮助财务报表使用者全面了解企业的财务状况、分析企业的偿债能力等情况,从而为其作出经济决策提供依据,以此全面了解企业的财务状况,从而进一步分析企业的偿债能力,为进行正确的决策提供会计信息。

5.2.2 资产负债表反映的内容

(1)资产 资产负债表中的资产反映由过去的交易、事项形成并由企业在某一特定日期所拥有或控制的、预期会给企业带来经济利益的资源。资产应当按照流动资产和非流动资产两大类别在资产负债表中列示,在流动资产和非流动资产类别下进一步按性质分项列示。

流动资产是预计在一个正常营业周期中变现、出售或耗用,或主要为交易目的而持有,或预计在资产负债表日起一年内(含一年)变现的资产,或自资产负债表日起一年内交换其他资产或清偿负债的能力不受限制的现金或现金等价物。

资产负债表中列示的流动资产项目通常包括货币资金、交易性金融资产、应收票据、应收账款、预付款项、应收利息、应收股利、其他应收款、存货和一年内到期的非流动资产等。

非流动资产是流动资产以外的资产。资产负债表中列示的非流动资产项目通常包括长期股权投资、固定资产、在建工程、工程物资、固定资产清理、无形资产、开发支出、长期待摊费用以及其他非流动资产等。

(2)负债 资产负债表中的负债反映在某一特定日期企业所承担的、预期会导致经济利益流出企业的现时义务。负债应当按照流动负债和非流动负债在资产负债表中进行列示,在流动负债和非流动负债类别下再进一步按性质分项列示。

流动负债是预计在一个正常营业周期中清偿,或主要为交易目的而持有,或自资产负债表日起一年内(含一年)到期应予以清偿,或企业无权自主地将清偿推迟至资产负债表日后一年以上的负债。资产负债表中列示的流

动负债项目通常包括短期借款、应付票据、应付账款、预收款项、应付职工薪酬、应交税费、应付利息、应付股利、其他应付款、一年内到期的非流动负债等。

非流动负债是流动负债以外的负债。非流动负债项目通常包括长期借款、应付债券和其他非流动负债等。

(3)所有者权益 资产负债表中的所有者权益是企业资产扣除负债后的剩余权益，反映企业在某一特定日期股东(投资者)拥有的净资产的总额，一般按照实收资本、资本公积、盈余公积和未分配利润分项列示。

资产负债表的具体内容如图 5-1 所示。

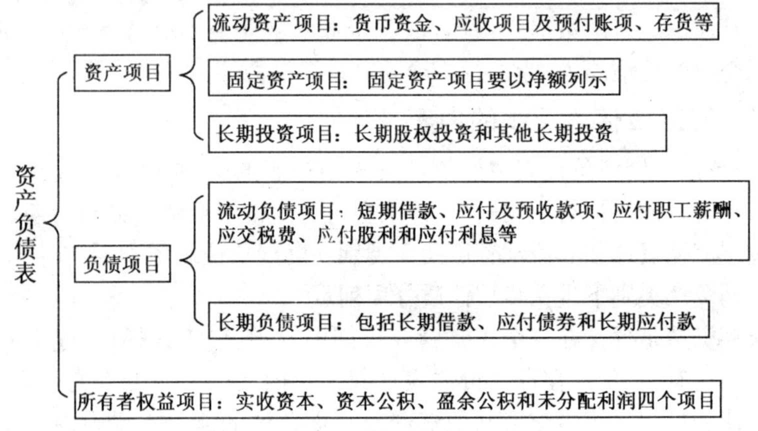

图 5-1 资产负债表的具体内容

5.2.3 资产负债表的结构

资产负债表一般有两种格式：报告式和账户式。我国企业一般采用账户式资产负债表。账户式资产负债表的左方列示资产类项目，大体按资产的流动性大小排列，流动性大的资产如“货币资金”、“交易性金融资产”等排在前面，流动性小的资产如“长期股权投资”、“固定资产”等排在后面；右方列示负债类和所有者权益类项目，一般按要求清偿时间的先后顺序排列：“短期借款”、“应付票据”、“应付账款”等需要在一年以内或者长于一年的一个正常营业周期内偿还的流动负债排在前面，“长期借款”等在一年以上才需偿还的非流动负债排在中间，在企业清算之前不需要偿还的所有者权益项目排在后面。

账户式资产负债表中的资产各项目的合计等于负债和所有者权益各项目的合计，即资产负债表左方和右方平衡。因此，账户式资产负债表可以反映资产、负债、所有者权益之间的内在关系，即“资产＝负债＋所有者权益”。

"资产负债表"格式见表5-1。

表5-1 资产负债表

编制单位： 年 月 日 单位：元

资产	年末数	年初数	负债及所有者权益	年末数	年初数
流动资产		略	流动负债		略
货币资金			短期借款		
交易性金融资产			交易性金融负债		
应收票据			应付票据		
应收账款			应付账款		
预付账款			预收账款		
其他应收款			应付职工薪酬		
应收股利			应交税费		
应收利息			应付利息		
存货			应付股利		
其他流动资产			其他应付款		
一年内到期的非流动资产			一年内到期的非流动负债		
流动资产合计			其他流动负债		
非流动资产			流动负债合计		
可供出售金融资产			非流动负债		
持有至到期投资			长期借款		
长期股权投资			应付债券		
固定资产			非流动负债合计		
在建工程			负债合计		
无形资产			所有者权益		
长期待摊费用			实收资本		
			资本公积		
非流动资产合计			盈余公积		
			未分配利润		
			所有者权益合计		
资产总计			负债及所有者权益合计		

财务主管 制表

5.2.4 资产负债表的编制方法

1. 理论知识点

资产负债表中"年初余额"栏填列方法：根据上年末资产负债表"期末余额"栏内所列数字填列。"期末余额"栏填列方法分以下五种情况：

(1)根据总账科目期末余额直接填列 如"交易性金融资产"、"短期借

款”、“应付票据”、“应付股利”、“应付职工薪酬” 等项目。

(2)根据若干总账科目的期末余额计算填列

①“货币资金”项目根据“库存现金”、“银行存款”和“其他货币资金”合计填列。

②“存货”项目根据“原材料”、“材料采购”、“在途物资”、“委托加工物资”、“开发产品”、“周转材料”、“材料成本差异”等科目合计填列。

③“未分配利润”项目根据“本年利润”和“利润分配”账户的余额计算填列。

(3)根据明细科目的余额方向分析填列

①“应收账款”所属明细科目出现期末贷方余额列入“预收账款”项目反映。

例:应收账款——A 企业(借方余额)　　100 万元
　　　　　　——B 企业(借方余额)　　200 万元
　　　　　　——C 企业(贷方余额)　　50 万元

资产负债表中“应收账款”项目填列 300 万元,“预收账款”项目填列 50 万元。

②“预收账款”所属明细科目出现期末借方余额列入“预付账款”项目反映。

例:应收账款——A 企业(借方余额)　　100 万元
　　　　　　——B 企业(借方余额)　　200 万元
　　预收账款——C 企业(贷方余额)　　100 万元
　　　　　　——D 企业(贷方余额)　　50 万元
　　　　　　——E 企业(借方余额)　　150 万元

资产负债表中“预收账款”项目填列 150 万元,“应收账款”项目填列 450 万元。

③“应付账款”所属明细科目出现期末借方余额列入“预付账款”项目反映。

例:应付账款——C 企业(贷方余额)　　100 万元
　　　　　　——D 企业(贷方余额)　　50 万元
　　　　　　——E 企业(借方余额)　　150 万元

资产负债表中“应付账款”项目填列 150 万元,“预付账款”项目填列 150 万元。

④“预付账款”所属明细科目出现期末贷方余额列入“应付账款”项目反映。

预付账款——A 企业(借方余额)　　100 万元
　　　　——B 企业(贷方余额)　　50 万元
应付账款——C 企业(贷方余额)　　100 万元

——D企业(贷方余额)　　　　200万元

在资产负债表中“预付账款”项目填列100万元,“应付账款”项目填列350万元。

(4)根据有关科目余额减去其备抵科目余额后的净额填列

①“应收账款”、“应收票据”、“其他应收款”项目根据其所属各明细科目期末借方余额合计,减去“坏账准备”的期末余额后的净额填列。

②“存货”项目根据存货的期末余额减去“存货减值准备”的期末余额后的净额填列。

③“长期股权投资”项目根据“长期股权投资”科目的期末余额减去“长期股权减值准备”后的余额填列。

④“固定资产”项目根据“固定资产”科目的期末余额减去“固定资产减值准备”和“累计折旧”后的余额填列。

⑤“在建工程”项目根据“在建工程”科目的期末余额减去“在建工程减值准备”后的余额填列。

⑥“无形资产”项目根据“无形资产”科目的期末余额减去“累计摊销”和“无形资产减值准备”后的余额填列。

(5)根据账户余额按流动性加以调整填列

①一年内摊销完毕的长期待摊费用在流动资产项目中列示“一年内到期的非流动资产”。

②一年内到期的长期负债(如一年内到期的长期借款、应付债券)在流动负债项目中列示“一年内到期的非流动负债”。

2. 实操训练

新鑫机械公司2010年3月31日总分类账余额见表5-2。

表5-2　新鑫机械公司总分类账余额表

2010年3月31日　　　　单位:元

账户名称	借方余额	账户名称	借方余额
库存现金	1 240.00	累计折旧	38 000.00
银行存款	124 800.00	短期借款	65 000.00
应收账款	150 000.00	应付账款	89 000.00
原材料	89 000.00	应交税费	3 400.00
库存商品	97 000.00	应付股利	10 000.00
生产成本	56 000.00	应付利息	560.00
长期股权投资	80 000.00	利润分配	8 600
固定资产	345 700.00	实收资本	800 000.00
无形资产	65 430.00		
长期待摊费用	5 390.00		
合计	1 014 560.00	合计	1 014 560.00

根据表 5-2 的资料，会计编制新鑫机械公司 2010 年 3 月 31 日的资产负债表见表 5-3。

表 5-3　新鑫机械公司 2010 年 3 月资产负债表

编制单位：新鑫机械公司　　　　2010 年 3 月 31 日　　　　单位:元

资　产	年末数	年初数	负债及所有者权益	年末数	年初数
流动资产		略	流动负债		略
货币资金	126 040.00		短期借款	65 000.00	
交易性金融资产			应付票据		
应收票据			应付账款	89 000.00	
应收账款	150 000.00		应交税费	3 400.00	
其他应收款			应付股利	10 000.00	
存货	242 000.00		应付利息	560.00	
预付账款			预收账款		
一年内到期的非流动资产			其他应付款		
流动资产合计	518 040.00		应付职工薪酬		
非流动资产			一年内到期的非流动资产		
可供出售金融资产			流动负债合计	167 960.00	
持有至到期投资			非流动负债		
长期股权投资	80 000.00		长期借款		
固定资产	307 700.00		应付债券		
在建工程			非流动负债合计		
无形资产	65 430.00		负债合计	167 960.00	
长期待摊费用	5 390.00		所有者权益		
非流动资产合计	458 520.00		实收资本	800 000.00	
			资本公积		
			盈余公积		
			未分配利润	8 600.00	
			所有者权益合计	808 600.00	
资产总计	976 560.00		负债及所有者权益合计	976 560.00	

财务主管　　　　　　　　　　　　制表

5.3 利润表

5.3.1 利润表的概念及作用

利润表是反映企业在一定会计期间经营成果的报表。通过利润表,可以了解企业一定期间的经营成果,分析企业的获利能力。利润表是反映企业在月份、年度内利润(或亏损)实现情况的报表,属于动态报表。编制利润表的直接依据是损益类账户的发生额。

5.3.2 利润表的格式

利润表的格式主要有多步式利润表和单步式利润表两种。我国企业的利润表采用多步式。利润表格式见表5-4。

表5-4 利润表

编制单位:________ ____年____月

项　目	行　次	本年金额	上年金额
一、营业收入			
减:营业成本			
营业税金及附加			
销售费用			
管理费用			
财务费用			
资产减值损失			
加:公允价值变动收益(损失以"－"号填列)			
投资收益(损失以"－"号填列)			
其中:对联营企业和合营企业的投资收益			
二、营业利润(亏损以"－"号填列)		—	—
加:营业外收入			
减:营业外支出			
其中:非流动资产处置损失			
三、利润总额(亏损总额以"－"号填列)		—	—
减:所得税费用			
四、净利润(净亏损以"－"号填列)		—	—
五、每股收益			
(一)基本每股收益			
(二)稀释每股收益			

5.3.3 利润表的编制方法

编制利润表的理论依据是"收入 - 费用 = 利润"这一会计等式。利润表各项目均需填列"本期金额"和"上期金额"两栏。在编制利润表时，"本期金额"栏应分为"本期金额"和"年初至本期末累计发生额"两栏，分别填列各项目本中期(月、季或半年)各项目实际发生额，以及自年初起至本中期(月、季或半年)末止的累计实际发生额。"上期金额"栏应分为"上年可比本中期金额"和"上年初至可比本中期末累计发生额"两栏，应根据上年可比中期利润表"本期金额"下对应的两栏数字分别填列。上年度利润表与本年度利润表的项目名称和内容不一致的，应对上年度利润表项目的名称和数字按本年度的规定进行调整。年终结账时，由于全年的收入和支出已全部转入"本年利润"科目，并且通过收支对比结出本年净利润的数额，因此，应将年度利润表中的"净利润"数字，与"本年利润"科目结转到"利润分配——未分配利润"科目的数字相核对，检查账簿记录和报表编制的正确性。利润表"本期金额"、"上期金额"栏内各项数字，应当按照相关科目的发生额分析填列。

1. 利润表的内容和计算方法

(1)营业利润的计算 营业利润的计算公式如下：

营业利润＝营业收入－营业成本－营业税金及附加－销售费用－管理费用－财务费用－资产减值损失＋公允价值变动收益(－公允价值变动损失)＋投资收益(－投资损失)

(2)利润总额的计算 利润总额的计算公式如下：

利润总额＝营业利润＋营业外收入－营业外支出

(3)净利润的计算 净利润的计算公式如下：

净利润＝利润总额—所得税费用

利润表中要填写本期金额。本期金额可以根据相关账户的本期发生额来分析填列。

2. 利润表编制的实操训练

资料：新鑫机械公司 2010 年 1 月末损益类科目本年累计发生额资料见表 5-5。

表 5-5 新鑫机械公司 2010 年 1 月末损益类科目本年累计发生额资料

科目名称	借方发生额	贷方发生额
主营业务收入		1 100 000.00
主营业务成本	840 000.00	
营业税金及附加	1 740.00	
其他业务收入		52 000.00
其他业务成本	40 000.00	

续表 5-5

科目名称	借方发生额	贷方发生额
销售费用	60 000.00	
管理费用	104 000.00	
财务费用	36 000.00	
投资收益		80 800.00
营业外收入		6 000.00
营业外支出	24 000.00	
所得税费用	39 920.00	

注:表中的所得税假定是已经根据税法的规定进行调整后计算的。

根据表 5-5 所给资料,会计编制利润表见表 5-6。

表 5-6 利润表

利 润 表

编制单位 :新鑫机械公司　　　2010 年 1 月

项　　目	行次	本年金额	上年金额
一、营业收入		1 152 000.00	
减:营业成本		880 000.00	
营业税金及附加		1 740.00	
销售费用		60 000.00	
管理费用		104 000.00	
财务费用		36 000.00	
资产减值损失			
加:公允价值变动收益(损失以"－"号填列)			
投资收益(损失以"－"号填列)		80 800.00	
其中:对联营企业和合营企业的投资收益			
二、营业利润(亏损以"－"号填列)		151 060.00	
加:营业外收入		6 000.00	
减:营业外支出		24 000.00	
其中:非流动资产处置损失			
三、利润总额(亏损总额以"－"号填列)		133 060 .00	
减:所得税费用		39 920.00	
四、净利润(净亏损以"－"号填列)		93 140.00	
五、每股收益			
(一)基本每股收益			
(二)稀释每股收益			

5.4 现金流量表

5.4.1 现金流量表的概念及作用

现金流量表是反映企业一定会计期间内有关现金和现金等价物流入和流出信息的会计报表。现金流量表所指的“现金”是指企业库存现金以及可以随时用于支付的存款,包括现金、可以随时用于支付的银行存款和其他货币资金。现金等价物是指企业持有的期限短、流动性强、易于转换为已知金额现金、价值变动风险很小的投资。现金流量表应按照经营活动产生的现金流量、投资活动产生的现金流量和筹资活动产生的现金流量分别反映。现金流量表的编制基础是基于“现金”的收付实现制原则。

现金流量表可以为报表使用者提供企业一定会计期间内现金和现金等价物流入和流出的信息,便于使用者了解和评价企业获取现金和现金等价物的能力,据以预测企业未来现金流量。

5.4.2 现金流量表的内容和种类

现金流量是一定会计期间内企业现金和现金等价物的流入和流出。企业从银行提取现金、用现金购买短期到期的国库券等现金和现金等价物之间的转换不属于现金流量。

现金是企业库存现金以及可以随时用于支付的存款,包括库存现金、银行存款和其他货币资金(如外埠存款、银行汇票存款、银行本票存款等)等。不能随时用于支付的存款不属于现金。

现金等价物是企业持有的期限短、流动性强、易于转换为已知金额现金、价值变动风险很小的投资。期限短一般是指从购买日起三个月内到期。现金等价物通常包括三个月内到期的债券投资等。权益性投资变现的金额通常不确定,因而不属于现金等价物。企业应当根据具体情况,确定现金等价物的范围,一经确定不得随意变更。企业产生的现金流量具体分类如图 5-2 所示。

5.4.3 现金流量表的结构

我国企业现金流量表采用报告式结构,分类反映经营活动产生的现金流量、投资活动产生的现金流量和筹资活动产生的现金流量,最后汇总反映企业某一期间现金及现金等价物的净增加额。“现金流量表”的格式见表 5-7。

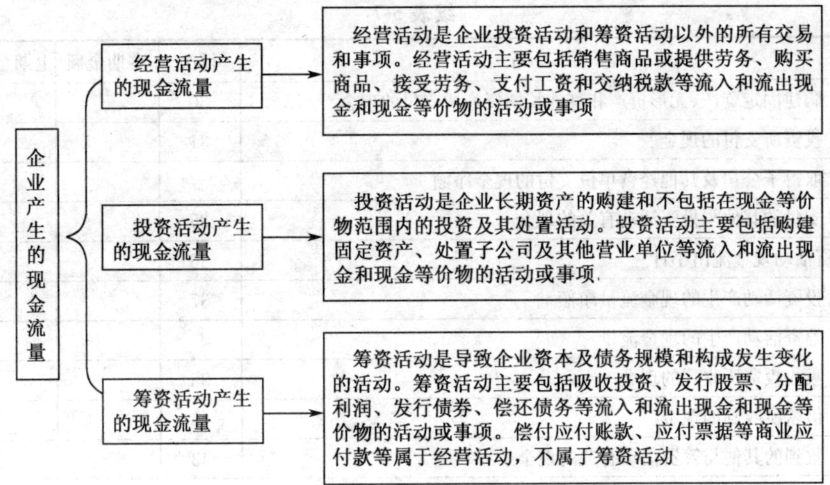

图 5-2　企业产生的现金流量具体分类

表 5-7　现金流量表

企业名称：　　　　　　　　年　月　　　　　　　　单位:元

项　　目	行次	本期金额	上期金额
一、经营活动产生的现金流量			
销售商品、提供劳务收到的现金	1		
收到的税费返还	3		
收到的其他与经营活动有关的现金	8		
经营活动现金流入小计	9		
购买商品、接受劳务支付的现金	10		
支付给职工以及为职工支付的现金	12		
支付的各项税费	13		
支付的其他与经营活动有关的现金	18		
经营活动现金流出小计	20		
经营活动产生的现金流量净额	21		
二、投资活动产生的现金流量			
收回投资所收到的现金	22		
取得投资收益所收到的现金	23		
处置固定资产、无形资产和其他长期资产所收回的现金净额	25		
处置子公司及其他营业单位收到的现金金额			
收到的其他与投资活动有关的现金	28		
投资活动现金流入小计	29		

续表 5-7

项　　目	行次	本期金额	上期金额
购建固定资产、无形资产和其他长期资产所支付的现金	30		
投资所支付的现金	31		
取得子公司及其他经营单位支付的现金净额			
支付的其他与投资活动有关的现金	35		
投资活动现金流出小计	36		
投资活动产生的现金流量净额	37		
三、筹资活动产生的现金流量			
吸收投资所收到的现金	38		
借款所收到的现金	40		
收到的其他与筹资活动有关的现金	43		
筹资活动现金流入小计	44		
偿还债务所支付的现金	45		
分配股利、利润或偿付利息所支付的现金	46		
支付的其他与筹资活动有关的现金	52		
筹资活动现金流出小计	53		
筹资活动产生的现金流量净额	54		
四、汇率变动对现金的影响	55		
五、现金及现金等价物净增加额	56		
加:期初现金及现金等价物余额			
六、期末现金及现金等价物余额		—	—

单位负责人：　　　　财务主管：　　　　复核：　　　　制表：

5.4.4　现金流量表的编制方法

企业应当采用直接法填列经营活动产生的现金流量。直接法是通过现金收入和现金支出的主要类别列示经营活动的现金流量。采用直接法编制经营活动的现金流量时，一般以利润表中的营业收入为起算点，调整与经营活动有关的项目的增减变动，然后计算出经营活动的现金流量。采用直接法具体编制现金流量表时，可以采用工作底稿法或T形账户法，也可以根据有关科目记录分析填列。

5.5　所有者权益变动表

5.5.1　所有者权益变动表的概念及作用

所有者权益变动表是反映构成所有者权益的各组成部分当期的增减变

动情况的报表。所有者权益变动表既可以为报表使用者提供所有者权益总量增减变动的信息，也能为其提供所有者权益增减变动的结构性信息，特别是能够让报表使用者理解所有者权益增减变动的根源。

5.5.2 所有者权益变动表的内容和结构

在所有者权益变动表上，企业至少应当单独列示反映下列信息的项目：

①净利润。

②直接计入所有者权益的利得和损失项目及其总额。

③会计政策变更和差错更正的影响金额。

④所有者投入资本和向所有者分配利润等。

⑤提取的盈余公积。

⑥实收资本或资本公积、盈余公积、未分配利润的期初和期末余额及其调节情况。

所有者权益变动表以矩阵的形式列示：一方面列示导致所有者权益变动的交易或事项，即所有者权益变动的来源对一定时期所有者权益的变动情况进行全面反映，另一方面按照所有者权益各组成部分（即实收资本、资本公积、盈余公积、未分配利润和库存股）列示交易或事项对所有者权益各部分的影响。所有者权益（股东权益）变动表的格式见表 5-8。

表 5-8 所有者权益（股东权益）变动表

会企 04 表　　　编制单位：　　　年度　　　单位：元

项目	行次	本年金额						上年金额					
		实收资本（或股本）	资本公积	减库存股	盈余公积	未分配利润	所有者权益合计	实收资本（或股本）	资本公积	减：库存股	盈余公积	未分配利润	所有者权益合计
一、上年年末余额													—
加：会计政策变更													—
前期差错更正													
二、本年年初余额							—						—
三、本年增减变动金额（减少以“－”号填列）								—	—	—	—	—	—
（一）净利润													
（二）直接计入所有者权益的利得和损失			—	—	—		—	—			—	—	—

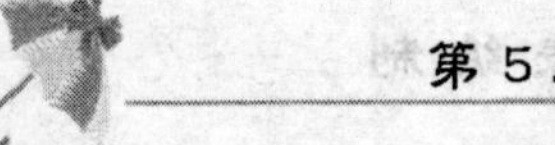

续表 5-8

项目	行次	本年金额						上年金额					
		实收资本(或股本)	资本公积	减库存股	盈余公积	未分配利润	所有者权益合计	实收资本(或股本)	资本公积	减：库存股	盈余公积	未分配利润	所有者权益合计
1. 可供出售金融资产公允价值变动净额													
2. 权益法下被投资单位其他所有者权益变动的影响													
3. 与计入所有者权益项目相关的所得税影响													
4. 其他													—
上述(一)和(二)小计				—				—		—			
(三)所有者投入和减少资本				—	—	—		—					—
1. 所有者投入资本													
2. 股份支付计入所有者权益的金额													
3. 其他													
(四)利润分配		—			—			—			—		
1. 提取盈余公积													
2. 对所有者(或股东)的分配													
3. 其他													
(五)所有者权益内部结转						—		—					
1. 资本公积转增资本(或股本)							—						
2. 盈余公积转增资本(或股本)													
3. 盈余公积弥补亏损													
4. 其他							—						
四、本年年末余额		—					—	—	—				

5.5.3 所有者权益变动表的编制方法

①所有者权益变动表各项目均需填列“本年金额”和“上年金额”两栏。

②所有者权益变动表“上年金额”栏内各项数字应根据上年度所有者权益变动表“本年金额”内所列数字填列。上年度所有者权益变动表规定的各个项目的名称和内容同本年度不一致的，应对上年度所有者权益变动表各项目的名称和数字按照本年度的规定进行调整，填入所有者权益变动表的“上年金额”栏内。

③所有者权益变动表“本年金额”栏内各项数字一般应根据“实收资本(或股本)”、“资本公积”、“盈余公积”、“利润分配”、“库存股”、“以前年度损益调整”科目的发生额分析填列。

④企业在会计报表编好之后，要依次编定页数，加具封面，装订成册，加盖公章。封面应注明单位名称、地址、主管部门、开业年份、报表所属年度和月份、送出日期等。报送的会计报表在报送之前，先由本单位会计机构的负责人(或会计主管人员)和单位负责人进行认真复核，并签名盖章。

⑤会计报表的报送期限。根据我国《企业会计制度》规定，月度报表应于月份终了后 6 天内报出，季度报表应于季度终了后 15 天内报出，半年度报表应于年度中期结束后 60 天内报出，年度报表应于年度终了后 4 个月内报出。法律、法规另有规定者，从其规定。

第6章　纳税操作

6.1　国税与地税的区分

国税与地税是指国家税务系统和地方税务系统，一般是指税务机关，而不是指税种。

我国现行税种共有24个，按照财政分税制的要求，将24个税种按照实际情况划分为中央税、中央与地方共享税、地方税三种。其中，中央税归中央所有，地方税归地方所有，中央与地方共享税分配后分别归中央与地方所有。

为适应分税制的要求，全国税务机关分为国家税务局（简称国税）和地方税务局（简称地税），负责征收不同的税种。国税主要负责征收中央税、中央与地方共享税。地税主要负责征收地方税。他们之间的征收管理分工一般划分如下：

(1)国税局系统　统一管理增值税，消费税，车辆购置税，铁道部门、各银行总行、各保险总公司集中缴纳的营业税、所得税、城市维护建设税，中央企业缴纳的所得税，中央与地方所属企业、事业单位组成的联营企业、股份制企业缴纳的所得税，地方银行、非银行金融企业缴纳的所得税，海洋石油企业缴纳的所得税、资源税，外商投资企业和外国企业所得税，证券交易税（开征之前为对证券交易征收的印花税），个人所得税中对储蓄存款利息所得征收的部分，中央税的滞纳金、补税、罚款。

(2)地税局系统　管理营业税、城市维护建设税（不包括上述由国家税务局系统负责征收管理的部分），地方国有企业、集体企业、私营企业缴纳的所得税、个人所得税（不包括对银行储蓄存款利息所得征收的部分），资源税，城镇土地使用税，耕地占用税，土地增值税，房产税，城市房地产税，车船使用税，车船使用牌照税，印花税，契税，屠宰税，筵席税，农业税、牧业税及其地方附加地方税的滞纳金、补税、罚款。

为加强税收征收管理，降低征收成本，避免工作交叉，简化征收手续，方便纳税人，在某些情况下，国家税务局和地方税务局可以相互委托对方代收某些税收。另外，对于特殊情况，国家税务总局会对某些税种的征收系统做出特别的安排和调整。因此，纳税人遇到应缴纳税种应当向哪个税务系统缴纳问题时，还是应当以当地主管国家税务机关和地方税务机关的实际分工及其具体要求为准。

6.2 纳税申报的内容和方式

6.2.1 纳税申报的内容

纳税申报内容是指法律、行政法规规定的或者税务机关根据法律、行政法规的规定确定的纳税人、扣缴义务人向税务机关申报应纳或者应缴税款的内容。

《税收征收管理法》及其细则对纳税申报的内容做了明确规定："纳税人和扣缴义务人的纳税申报或者代扣代缴、代收代缴税款申报的主要内容包括税种、税目，应纳税项目或者应代扣代缴、代收代缴项目，计税依据，扣除项目及标准，适用税率或者单位税额，应退税项目及税额、应减免税项目及税额，应纳税额或者应代扣、代收税额，税款所属期限延期缴纳税款欠税、滞纳金等"。

6.2.2 纳税申报的方式

纳税申报方式是指纳税人、扣缴义务人在发生纳税义务和代扣代缴、代收代缴义务后，在其申报期限内，依照国家有关规定到指定税务机关进行申报纳税的形式。根据《税收征收管理法》第二十六条的规定，纳税人、扣缴义务人可以采取下列三种方式办理纳税申报：

①直接申报。又称"上门申报"，是指纳税人、扣缴义务人直接到税务机关办理纳税申报或者报送代扣代缴、代收代缴税款报告表。这是一种传统申报方式。税务机关应当建立、健全纳税人自行申报纳税制度。纳税人委托代理人办理纳税申报的也属于直接申报，但应出具委托代理协议书和税务代理证件。

②邮寄申报。是指纳税人、扣缴义务人经税务机关批准，通过邮寄方式向税务机关报送纳税申报表或报送代扣代缴、代收代缴税款报告表及有关资料的方式。《实施细则》第三十一条规定，纳税人采取邮寄方式办理纳税申报的，应当使用统一的纳税申报专用信封，并以邮政部门收据作为申报凭据。邮寄申报以寄出的邮戳日期为实际申报日期。

③数字电文申报。是指纳税人、扣缴义务人经税务机关批准，通过税务机关确定的电话语音、电子数据交换和网络传输（如电话、电报、电传、传真、电子数据交换、电子邮件）等电子方式，报送纳税申报表或者报送代扣代缴、代收代缴税款报告表及有关资料的申报方式。这是适应信息化要求的一种

快捷申报方式。纳税人采取电子方式办理纳税申报的,应当按照税务机关规定的期限和要求保存有关资料,并定期书面报送主管税务机关。

实行定期定额缴纳税款的纳税人,可以实行简易申报、简并征期等申报纳税方式。纳税申报流程如图 6-1 所示。

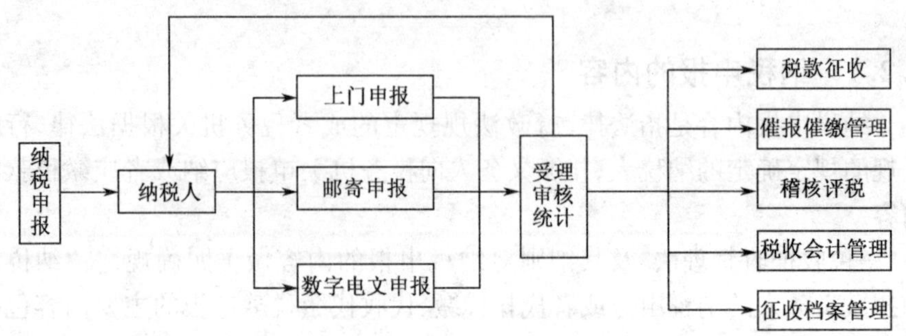

图 6-1 纳税申报流程图

目前使用比较多的是网上申报。下面是企业个人所得税网上申报的操作流程,本书将以此为例介绍纳税申报的程序:

第一步:打开个人所得税明细申报系统,如图 6-2 所示。

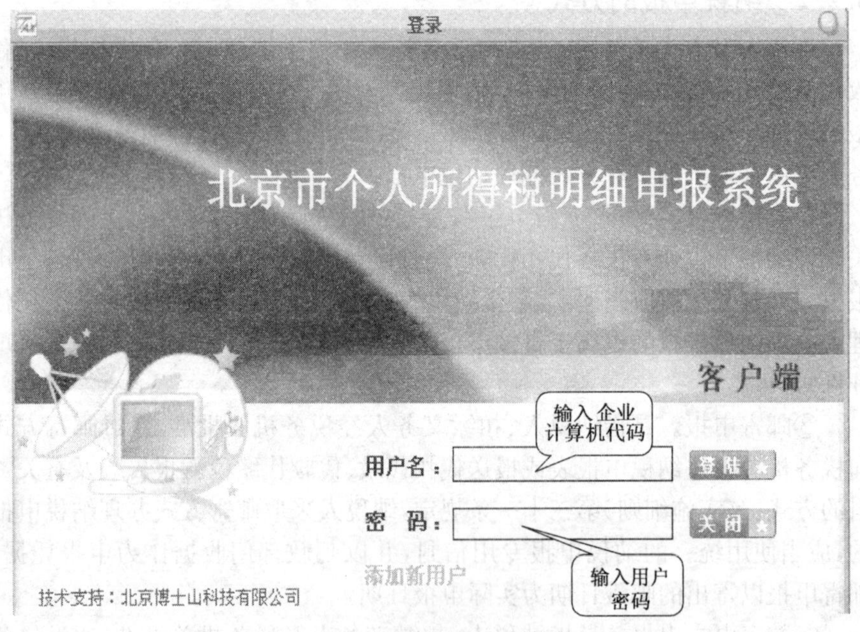

图 6-2 登录个人所得税明细申报系统

第二步:在用户名处输入企业的计算机代码,密码处输入密码,点击登录,进入个人所得税明细申报系统,如图 6-3 所示。

图 6-3　进入个人所得税明细申报系统

注：初次登录时可点击“单位信息管理”，录入单位信息，点击“员工基础信息管理”，录入企业员工的基本信息，以便每次申报时可以自动生成。

第三步：点击“明细申报数据管理”，进入明细申报数据管理界面，如图6-4所示。

明细申报数据管理

扣缴个人所得税报告表

新增行　删除行　保存　临时保存　导入　导出　查询　打印　设置　关闭

计算机代码　扣缴义务人名称　邮政编码 102400

有效联系电话　有效联系地址

扣缴义务人声明：我声明，此扣缴报告表是根据国家税收法律、法规的规定填报的，我确信它是真实、可靠的、完整的。声明人

会计主管签字　负责人签字　填表日期 2012-1-11　所得期间 年 2011 月 12

显示统计项+

序号	纳税人姓名	身份证照类型	身份证照号码	国家与地区	职业编码	所得项目	收入额	免税收入额	允许扣除的税费	费用扣除标准	准予扣除的捐赠额	应纳税所得额	税率(%)	应扣税额	已扣税额	所属部门	备注
1				001	10000	0101	0.00	0.00	0.00	0.00	0.00	0.00	0	0.00	0.00		

向地税机关提交　校验身份证　计税逻辑校验　数据填写说明

图 6-4　明细申报数据管理界面

注:输入企业个人所得税申报信息时,首先输入表头信息,如计算机代码、扣缴义务人名称以及填表日期、申报日期等。如果在“单位信息管理”项已经设置了单位信息,相关信息则会自动生成,无需再次录入。接下来输入个人所得税明细申报信息,如纳税人名称、身份证类型以及应纳税所得额、税率、应扣税额、已扣税额等。如果之前在“员工基础信息管理”项已录入企业员工的基础信息或往期已经在该系统进行过个人所得税的明细申报,也可以点击“导入”,导入员工基础信息或往期的个人所得税纳税申报表,再做相应填写或修改即可。

第四步:填报数据完毕,点击明细申报表左上角的“显示统计项”即可显示已扣税额合计数,与工资表“个人所得税”项的数据进行核对。

第五步:审核无误后,点击保存。

第六步:保存成功后,点击左下角的“向地税机关提交”,显示提交成功,完成个人所得税明细申报。

6.3 各种纳税申报期限

纳税申报期限是根据税法规定的纳税期限和报缴税款期限核定的。纳税期限是纳税人据以计算应纳税额的时间为界限,报缴期限是从纳税期限届满之日纳税人缴纳税款的时间界限。纳税申报的期限可按纳税期限的长短和报缴税款次数的多少来确定。各种不同税种规定的纳税期限不同,其申报时间也不同。报缴期限规定的最后一天,如遇公休日可以顺延。如果由于特殊困难等原因,纳税人不能按期申报,扣缴义务人不能按期报送代扣代缴税款报告表的,经国税局、地税局批准核准,可以延期申报,但最长不得超过3个月,其税款应按上期或税务机关核定税额预缴。办理延期申报应在原来规定的纳税申报期限内向税务机关提交《延期申报申请表》,经税务机关核准后,在核准的期限内办理。具体规定如下:

6.3.1 各税种的申报期限

①缴纳增值税、消费税的纳税人,以一个月为一期纳税的,于期满后十五日内申报,以一日、三日、五日、十日、十五日为一期纳税的,自期满之日起五日内预缴税款,于次月一日起十五日内申报并结算上月应纳税款。

②缴纳企业所得税的纳税人应当在月份或者季度终了后十五日内,向其所在地主管国家税务机关办理预缴所得税申报;内资企业在年度终了后四十五日内、外商投资企业和外国企业在年度终了后四个月内向其所在地主管国家税务机关办理所得税申报。

③其他税种。税法已明确规定纳税申报期限的，按税法规定的期限申报。

④税法未明确规定纳税申报期限的，按主管国家税务机关根据具体情况确定的期限申报。

6.3.2 申报期限的顺延

纳税人办理纳税申报的期限最后一日，如遇公休、节假日的，可以顺延。

6.3.3 办理延期纳税申报

纳税人、扣缴义务人、代征人按照规定的期限办理纳税申报或者报送代扣代缴、代收代缴税款报告表、委托代征税款报告表确有困难，需要延期的，应当在规定的申报期限内向主管国家税务机关提出书面延期申请，经主管国家税务机关核准，在核准的期限内办理。纳税人、扣缴义务人、代征人因不可抗力情形，不能按期办理纳税申报或者报送代扣代缴、代收代缴税款或委托代征税款报告的，可以延期办理。但是应当在不可抗力情形消除后立即向主管国家税务机关报告。北京地税局网站公布的2012年度北京国税、北京地税常用征期日历见表6-1。

表6-1 2012年度北京国税、北京地税常用征期日历

《中华人民共和国税收征收管理法实施细则》第一百零九条：税收征管法及本细则所规定期限的最后一日是法定休假日的，以休假日期满的次日为期限的最后一日；在期限内有连续3日以上法定休假日的，按休假日天数顺延。

月份	申报期	入库期	税　种	备注：（申报期、入库期以下统称为“征期”）
1月	1～13日	1～13日	申报缴纳资源税	征期内1～3日为节假日，顺延三日至13日
			印花税年度申报	
	1～19日	1～19日	申报缴纳增值税、消费税、营业税、城市维护建设税、教育费附加、地方教育附加、文化事业建设费、个人所得税和2011年第四季度企业所得税	征期最后一日为周末，顺延至16日；征期内1～3日为节假日，顺延三日至19日
		申报后三日内	按季度申报缴纳的土地增值税预缴税款	
			地税无应纳税(费)款申报	
	1～30日	1～30日	核定征收个人独资企业和合伙企业投资者申报缴纳个人所得税；从中国境外取得所得的纳税义务人申报缴纳个人所得税	
	1～31日		个人所得税全员全额扣缴申报	

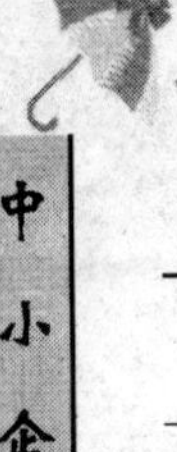

续表 6-1

月份	申报期	入库期	税　种	备注：(申报期、入库期以下统称为“征期”)
2月	1～10日	1～10日	申报缴纳资源税	
	1～15日	1～15日	申报缴纳增值税、消费税、营业税、城市维护建设税、教育费附加、地方教育附加、文化事业建设费、个人所得税和按月预缴2012年1月企业所税	
			地税无应纳税(费)款申报	
	1～29日		个人所得税全员全额扣缴申报	
3月	1～12日	1～12日	申报缴纳资源税	征期最后一日为周末，顺延至12日
	1～15日	1～15日	申报缴纳增值税、消费税、营业税、城市维护建设税、教育费附加、地方教育附加、文化事业建设费、个人所得税和按月预缴2012年2月企业所得税	
			地税无应纳税(费)款申报	
	1～31日		个人所得税全员全额扣缴申报	
1月1日到3月31日			2011年“年所得12万元以上”纳税人自行纳税申报	
			查账征收个人独资企业和合伙企业投资者或查账征收个体工商户申报缴纳个人所得税	
4月	1～13日	1～13日	申报缴纳资源税	征期内2～4日为节假日，顺延三日至13日
	1～19日	1～19日	申报缴纳增值税、消费税、营业税、城市维护建设税、教育费附加、地方教育附加、文化事业建设费、房产税、城镇土地使用税、个人所得税；2012年一季度企业所得税、个人独资企业和合伙企业投资者个人所得税	征期最后一日为周末，顺延至16日；征期内2～4日为节假日，顺延三日至19日
		申报后三日内	按季度申报缴纳的土地增值税预缴税款	
			地税无应纳税(费)款申报	
	1～30日		个人所得税全员全额扣缴申报	

续表 6-1

月份	申报期	入库期	税种	备注:(申报期、入库期以下统称为“征期”)
5月	1～10日	1～10日	申报缴纳资源税	
	1～15日	1～15日	申报缴纳增值税、消费税、营业税、城市维护建设税、教育费附加、地方教育附加、文化事业建设费、个人所得税和按月预缴2012年4月企业所得税	
			地税无应纳税(费)款申报	
	1～31日		个人所得税全员全额扣缴申报	
1月1日到5月31日			2011年度企业所得税汇算清缴	
6月	1～11日	1～11日	申报缴纳资源税	征期最后一日为周末,顺延至11日
	1～15日	1～15日	申报缴纳增值税、消费税、营业税、城市维护建设税、教育费附加、地方教育附加、文化事业建设费、个人所得税和按月预缴2012年5月企业所得税	
			地税无应纳税(费)款申报	
	1～30日		个人所得税全员全额扣缴申报	
7月	1～10日	1～10日	申报缴纳资源税	
	1～16日	1～16日	申报缴纳增值税、消费税、营业税、城市维护建设税、教育费附加、地方教育附加、文化事业建设费、个人所得税;2012年二季度企业所得税、个人独资企业和合伙企业投资者个人所得税	征期最后一日为周末,顺延至16日
		申报后三日内	按季度申报缴纳的土地增值税预缴税款	
			地税无应纳税(费)款申报	
	1～31日		个人所得税全员全额扣缴申报	
8月	1～10日	1～10日	申报缴纳资源税	
	1～15日	1～15日	申报缴纳增值税、消费税、营业税、城市维护建设税、教育费附加、地方教育附加、文化事业建设费、个人所得税和按月预缴2012年7月企业所得税	
			地税无应纳税(费)款申报	
	1～31日		个人所得税全员全额扣缴申报	

续表 6-1

月份	申报期	入库期	税　　种	备注:(申报期、入库期以下统称为“征期”)
9月	1～10日	1～10日	申报缴纳资源税	
	1～17日	1～17日	申报缴纳增值税、消费税、营业税、城市维护建设税、教育费附加、地方教育附加、文化事业建设费、个人所得税和按月预缴 2012 年 8 月企业所得税	征期最后一日为周末，顺延至 17 日
			地税无应纳税(费)款申报	
	1～30日		个人所得税全员全额扣缴申报	
10月	1～17日	1～17日	申报缴纳资源税	征期内 1～7 日为节假日，顺延七日至 17 日
	1～20日	1～20日	申报缴纳外商投资企业土地使用费	
	1～22日	1～22日	申报缴纳增值税、消费税、营业税、城市维护建设税、教育费附加、地方教育附加、文化事业建设费、房产税、城镇土地使用税、个人所得税；2012 年三季度企业所得税、个人独资企业和合伙企业投资者个人所得税	征期内 1～7 日为节假日，顺延七日至 22 日
		申报后三日内	按季度申报缴纳的土地增值税预缴税款	
			地税无应纳税(费)款申报	
	1～31日		个人所得税全员全额扣缴申报	
11月	1～12日	1～12日	申报缴纳资源税	征期最后一日为周末，顺延至 12 日
	1～15日	1～15日	申报缴纳增值税、消费税、营业税、城市维护建设税、教育费附加、地方教育附加、文化事业建设费、个人所得税和按月预缴 2012 年 10 月企业所得税	
			地税无应纳税(费)款申报	
	1～30日		个人所得税全员全额扣缴申报	

续表 6-1

月份	申报期	入库期	税种	备注：(申报期、入库期以下统称为“征期”)
12月	1～10日	1～10日	申报缴纳资源税	
	1～17日	1～17日	申报缴纳增值税、消费税、营业税、城市维护建设税、教育费附加、地方教育附加、文化事业建设费、个人所得税和按月预缴 2012 年 11月企业所得税	征期最后一日为周末，顺延至 17 日
			地税无应纳税(费)款申报	
	1～31日		个人所得税全员全额扣缴申报	
1月1日到12月31日			申报缴纳 2012 年度车船税	

注：

·此表未包括车辆购置税、契税、耕地占用税、按次缴纳土地增值税的申报期和入库期。

·此表未包括保险机构代收机动车车船税的扣缴报告和解缴税款的期限。

·此表未包括残疾人就业保障金的入库期。

·此表未包括工会经费的入库期。

·储蓄存款利息所得个人所得税与个人所得税申报期限相同。

·实行按月预缴企业所得税的纳税人，预缴期限同各月申报缴纳增值税和消费税征期一致。

·此表备注栏内无文字说明的，为正常申报期和入库期。

6.4 税务筹划

税务筹划是指在纳税行为发生之前，在不违反法律、法规（税法及其他相关法律、法规）的前提下，通过对纳税主体（法人或自然人）的经营活动或投资行为等涉税事项做出事先安排，以达到少缴税或递延纳税目标的一系列谋划活动。

6.4.1 税务筹划的特点

税务筹划具有合法性、筹划性、目的性、风险性和专业性的特点。

(1)合法性 指的是税务筹划只能在税收法律许可的范围内进行。这里有两层含义：一是遵守税法。二是不违反税法。合法是税务筹划的前提，当存

在多种可选择的纳税方案时,纳税人可以利用对税法内容的了解、对实践技术的掌握,做出纳税最优化选择,从而降低税负。对于违反税收法律规定、逃避纳税责任,以降低税收负担的行为,属于偷逃税,要坚决加以反对和制止。

(2)筹划性 是指在纳税行为发生之前,对经济事项进行规划、设计、安排,达到减轻税收负担的目的。在经济活动中,纳税义务通常具有滞后性。企业交易行为发生后才缴纳流转税;收益实现或分配之后,才缴纳所得税;财产取得之后,才缴纳财产税。这在客观上提供了对纳税事先做出筹划的可能性。另外,经营、投资和理财活动是多方面的,税收规定也是有针对性的。纳税人和征税对象的性质不同,税收待遇也往往不同,从而为纳税人提供了可选择较低税负决策的机会。如果经营活动已经发生,应纳税额已经确定而去偷逃税或欠税,都不能认为是税务筹划。

(3)目的性 税务筹划的直接目的就是降低税负,减轻纳税负担。这里有两层意思:一是选择低税负。低税负意味着较低的税收成本,较低的税收成本意味着较高的资本回收率。二是滞延纳税时间(不是指不按税法规定期限缴纳税款的欠税行为),获取货币的时间价值。通过一定的技巧,在资金运用方面做到提前收款、延缓支付。这将意味着企业可以得到一笔"无息贷款",避免高边际税率或减少利息支出。

(4)风险性 税务筹划的目的是为了获得税收收益,但是在实际操作中,往往不能达到预期效果,这与税务筹划的成本和税务筹划的风险有关。

税务筹划的成本是指由于采用税收筹划方案而增加的成本,包括显性成本和隐含成本,如聘请专业人员支出的费用,采用一种税收筹划方案而放弃另一种税收筹划方案所导致的机会成本。此外,对税收政策理解不准确或操作不当,而在不自觉的情况下采用了导致企业税负不减反增的方案,或者触犯法律而受到税务机关的处罚,都可能使得税收筹划的结果背离预期的效果。

(5)专业性 不仅是指税务筹划需要由财务、会计专业人员进行,而且指面临社会化大生产、全球经济一体化、国际贸易业务日益频繁、经济规模越来越大、各国税制越来越复杂的情况下,仅靠纳税人自身进行税收筹划显得力不从心。因此,税务代理、税务咨询作为第三产业便应运而生,税务工作日益向专业化的方向发展。

6.4.2 税务筹划的基本方法

税务筹划的方法很多,主要有利用税收优惠政策法、纳税期的递延法、转让定价筹划法、利用会计处理方法筹划法等几种方法,在实践中,往往是多种方法结合起来使用。为便于理解,这里只简单介绍税收优惠政策法、会计处理方法筹划法两种方法。

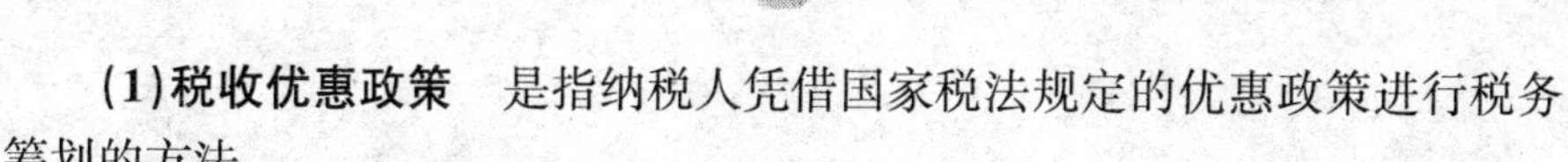

(1)税收优惠政策 是指纳税人凭借国家税法规定的优惠政策进行税务筹划的方法。

税收优惠政策是指税法对某些纳税人和征税对象给予鼓励和照顾的一种特殊规定。国家为了扶持某些特定产业、行业、地区、企业和产品的发展或对某些有实际困难的纳税人给予照顾，在税法中做出某些特殊规定，如免除其应缴的全部或部分税款，或者按照其缴纳税款的一定比例给予返还等，从而减轻其税收负担。

(2)会计处理方法筹划法 就是利用会计处理方法的可选择性进行筹划的方法。在实际经济活动中，同一经济事项有时存在着不同的会计处理方法，而不同的会计处理方法又对企业的财务状况有着不同的影响，同时这些不同的会计处理方法又都得到了税法的承认。所以，通过对有关会计处理方法筹划也可以达到获取税收收益的目的。

一家企业究竟选用什么样的方法来进行税务筹划要依据企业的具体情况来定。在税务筹划方案实施以后，筹划人需要经常、定期地通过一定的信息反馈渠道来了解纳税方案执行的情况，对偏离计划的情况予以纠正，以及根据新的情况修订税务筹划的计划，以最大限度地实现筹划的预期收益。

附录 1　北京市税务登记网上操作

税务登记的主要功能是税务机关对纳税人的基本情况及生产经营项目进行登记管理的一项基本制度，也是纳税人已经纳入税务机关监督管理的一项证明。

税务登记包括以下七个功能模块：开业税务登记、变更税务登记、停复业税务登记、非正常户管理、注销税务登记、自然人登记、税收证明管理。

（一）开业税务登记

开业税务登记的主要功能是纳税人向所在地税务机关申请办理税务登记。可以进行网上开业税务登记。网上开业税务登记包括以下功能模块：申请主界面、分支机构登记信息界面、总机构登记信息界面、银行账户登记信息界面。下面对各个功能模块逐一进行介绍。

(1) 申请主界面　点击鼠标进入开业登记申请界面见附图 1-1、图 1-2。

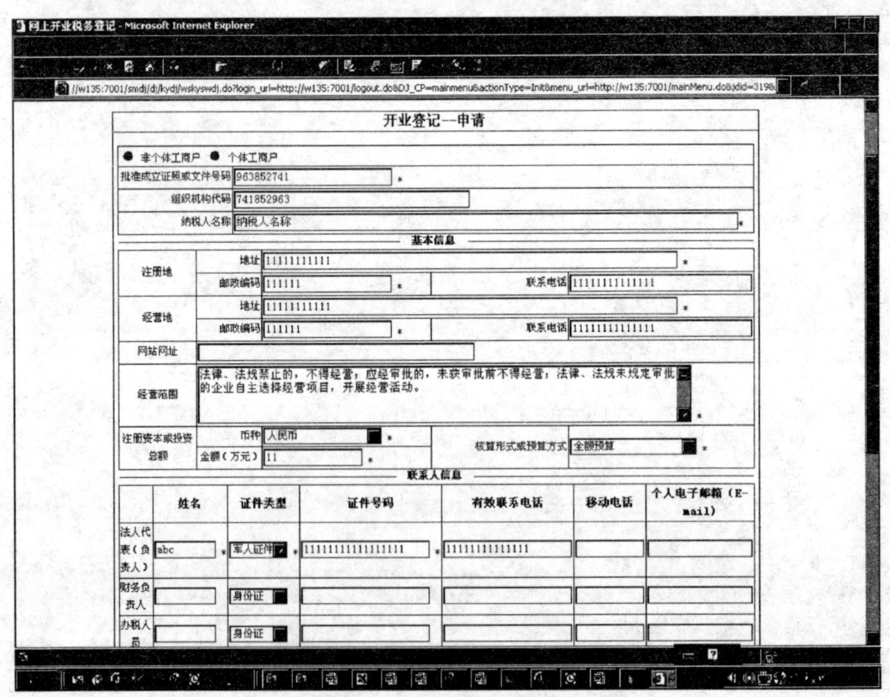

附图 1-1　开业登记申请界面

网上开业税务登记 - Microsoft Internet Explorer

网站网址	
经营范围	法律、法规禁止的，不得经营；应经审批的，未获审批前不得经营；法律、法规未规定审批的企业自主选择经营项目，开展经营活动。
注册资本或投资总额	币种 人民币 * 金额（万元）11 * 核算形式或预算方式 全额预算 *

联系人信息

	姓名	证件类型	证件号码	有效联系电话	移动电话	个人电子邮箱（E-mail）
法人代表（负责人）	abc *	军人证件 *	1111111111111111 *	1111111111111		
财务负责人		身份证				
办税人员		身份证				

是否有税务代理信息 □

投资方登记信息

序号	投资方名称*	证件类型	证件号码	所占投资比例(%)*

其中自然人投资比例合计（%） 0　其中外资投资比例合计（%） 0

1、带“*”项为必选（填）项，纳税人应据实填报；
2、关于“XX邮政编码”一栏应输入纯数字格式；
3、组织机构代码一栏请按技术监督局核发的《国家统一代码标识证书》上的9位填写；

4、企业只要是有限责任公司或股份有限公司就必须填投资方信息

附图 1-2　开业登记申请

填表说明：

批准成立证照或文件号码：填写最终批准文号，企业或个体工商户直接填写营业执照注册号，其中，内资企业和个体工商户只填写营业执照注册号前 13 位。

界面中灰色数据项为系统带出，不可修改；带红色 * 的数据项为必输项，投资方登记信息为多条。

特别提醒：上述为一种约定，在本章下面将会经常出现，只在此说明，下面将不再赘述。另外，为了防止断线而使数据丢失，注意在以后的操作中随时按“保存”按钮。

进行下面操作的前提条件是：纳税人已进行过网上临时用户注册。

操作步骤：

第一步：输入或选择各数据项内容。

第二步：点击【下一步】，即可完成申请操作。

按钮说明：

【第一条】：选中第一条记录。

【上一条】：选中当前记录的前一条记录。

【下一条】：选中当前记录的下一条记录。

【最末条】：选中最末条记录。

【新增】:在最后增加一条新记录。

【删除】:删除选中的记录。

【下一步】:进入分支机构登记信息界面。

【删除申请】:删除开业登记申请数据。

【退出】:返回功能清单界面。

特别提醒:以上这些按钮在本章下面的界面中会时常出现,表达的意思基本相同或相近,所以作为一种约定,只在此进行说明,下面将不再重复介绍。

(2)分支机构登记信息 点击鼠标进入分支机构登记信息界面见附图 2。

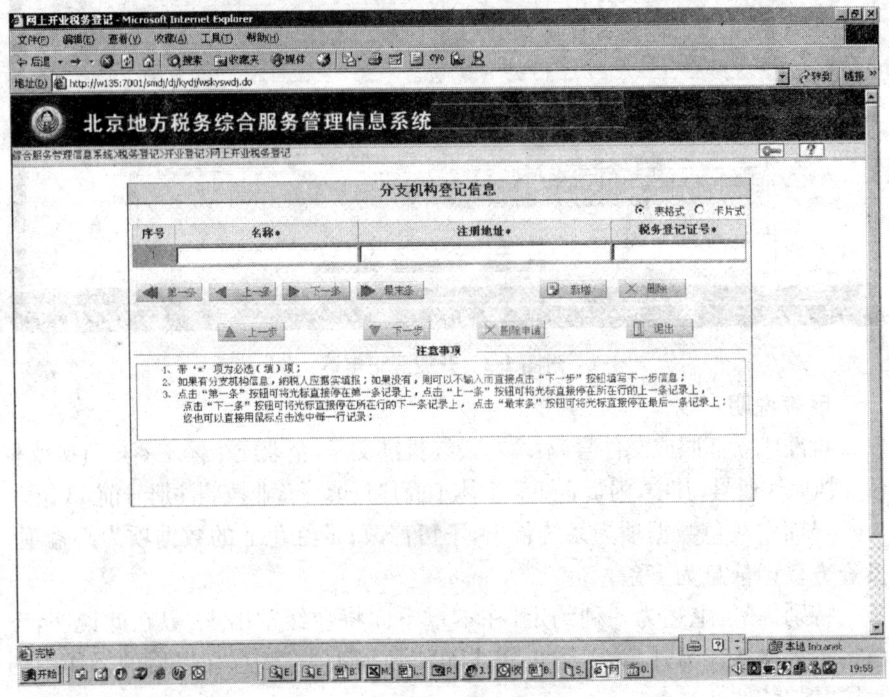

附图 2 分支机构登记信息界面

分支机构登记信息界面能通过“表格式”、“卡片式”单选框实现切换。

填表说明:

纳税用户需要在“名称”对应栏输入分支机构的名称。

在“注册地址”栏输入分支机构注册地址。

在“税务登记证号”栏输入分支机构税务登记证号,长度为 18 位。

操作步骤:

第一步:输入各数据项内容。

第二步:点击【下一步】,即可以完成分支机构信息的录入。

(3)总机构登记信息 点击鼠标进入总机构登记信息界面见附图 3-1、附图 3-2。

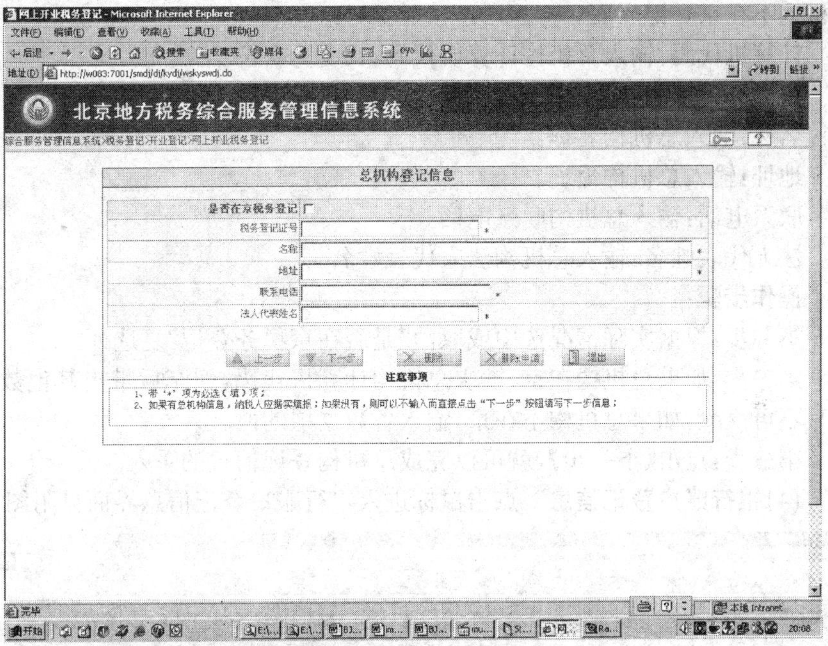

附图 3-1 总机构登记信息界面

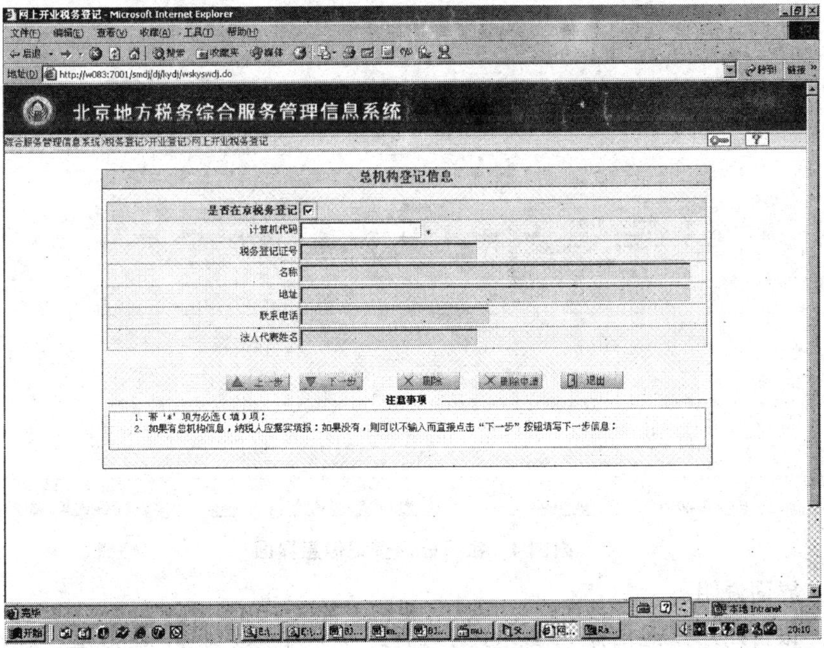

附图 3-2 总机构登记信息界面

填表说明：

是否在京税务登记：复选框，选中显示总机构在京登记界面，不选中显示总机构不在京登记界面。

计算机代码：输入总机构计算机代码，长度为 8 位。

税务登记证号：输入总机构税务登记证号，长度为 18 位。

名称：输入总机构名称。

地址：输入总机构地址。

联系电话：输入总机构联系电话。

法人代表姓名：输入总机构法人代表姓名。

操作步骤：

第一步：根据实际情况选中或取消"是否在京税务登记"复选框。

第二步：如果总机构在京，输入总机构计算机代码，回车后带出其他数据项且不可修改；如果总机构不在京，输入各数据项的值。

第三步：点击【下一步】，就可以完成总机构登记信息的录入。

(4)银行账户登记信息 点击鼠标进入银行账户登记信息界面见附图 4。

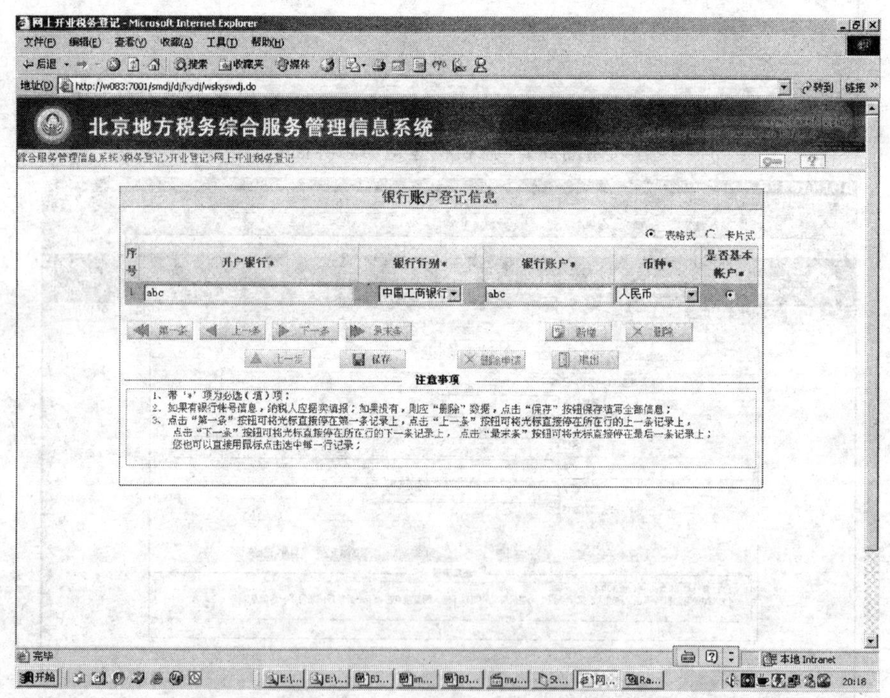

附图 4 银行账户登记信息界面

界面说明：

银行账户登记信息为多条，但只有一个基本账户。界面能通过"表格式”、“卡片式”单选框实现切换。

填表说明:

开户银行:输入开户银行名称。

银行行别:下拉列表框。

银行账户:输入银行账户。

币种:下拉列表框。

是否基本账户:单选框,选中为基本账户。

操作步骤:

第一步:输入或选择各数据项内容。

第二步:点击【保存】,就可以完成银行账户登记信息的录入。

(二)变更税务登记

“变更税务登记”的主要功能是修改纳税人的税务登记信息。可在网上变更税务登记。网上变更税务登记包括维护联系信息、维护分支机构信息、变更银行账户信息、网上申请变更四个模块。下面将对各个功能模块逐一进行介绍。

(1)维护联系信息 主要功能是修改纳税人的联系信息。网上维护联系信息界面见附图5。

网上维护联系信息

计算机代码	80082036		
纳税人名称	纳税人01		
注册地 地址	清华园1#		
邮编	000111	联系电话	
经营地 地址	清华园1#		
邮编	000111	联系电话	
是否有税务代理信息			

联系人信息

	姓名	证件类型	证件号码	有效联系电话	移动电话	个人电子邮箱(E-mail)
法人代表(负责人)	张林	无	130120801127321		11111111111	snooder@23.net
财务负责人						
办税人员						

税务代理信息

操作人员信息

操作人	纳税人01	操作日期	20031110

保存 退出

注意事项

1、带“*”项为必选(填)项,纳税人应据实填报;

附图5 网上维护联系信息界面

操作步骤：

第一步：输入或修改纳税人的相关信息。

第二步：点击【保存】，完成对纳税人联系信息的修改。

(2)维护分支机构信息 分支机构信息维护界面见附图 6。

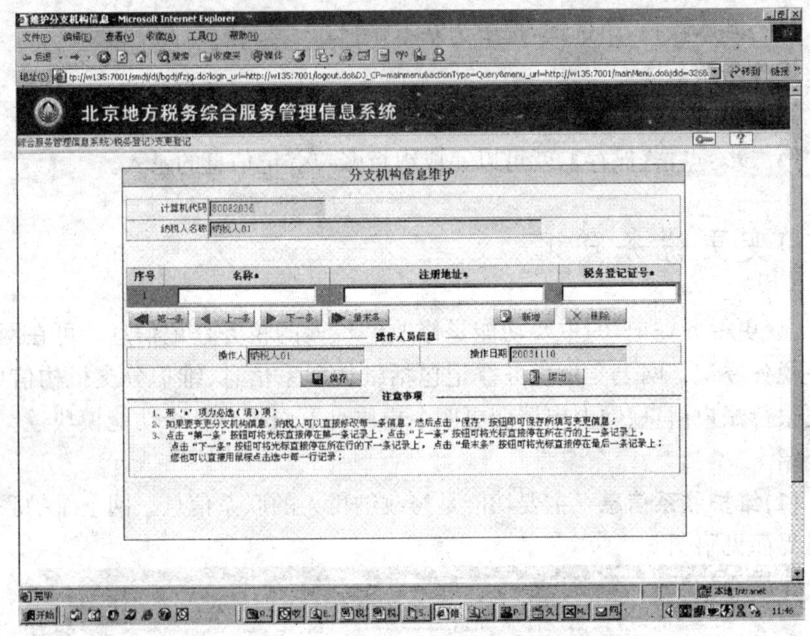

附图 6 分支机构信息维护界面

填表说明：

名称：输入分支机构名称。

注册地址：输入分支机构注册地址。

税务登记证号：输入分支机构税务登记证号，长度为 18 位。

操作步骤：

第一步：输入分支机构各数据项内容。

第二步：点击【保存】，完成对分支机构信息的修改。

(3)网上变更银行账户信息 网上变更银行账户信息界面见附图 7。

北京地方税务综合服务管理信息系统

综合服务管理信息系统>税务登记>变更登记

网上变更银行账户信息

纳税人名称 章鹏 *

◉ 表格式 ○ 卡片式

序号	开户银行*	银行行别*	银行账号*	币种*	是否基本账号*
1	中国银行北京分行	03 中国银行	0122522481245831245	USD 美元	◉

第一条　上一条　下一条　最末条　新增　删除

保存　退出

注意事项

1、带'*'项为必选(填)项;

附图 7　网上变更银行账户信息界面

(4)网上申请变更　申请变更登记界面见附图 8。

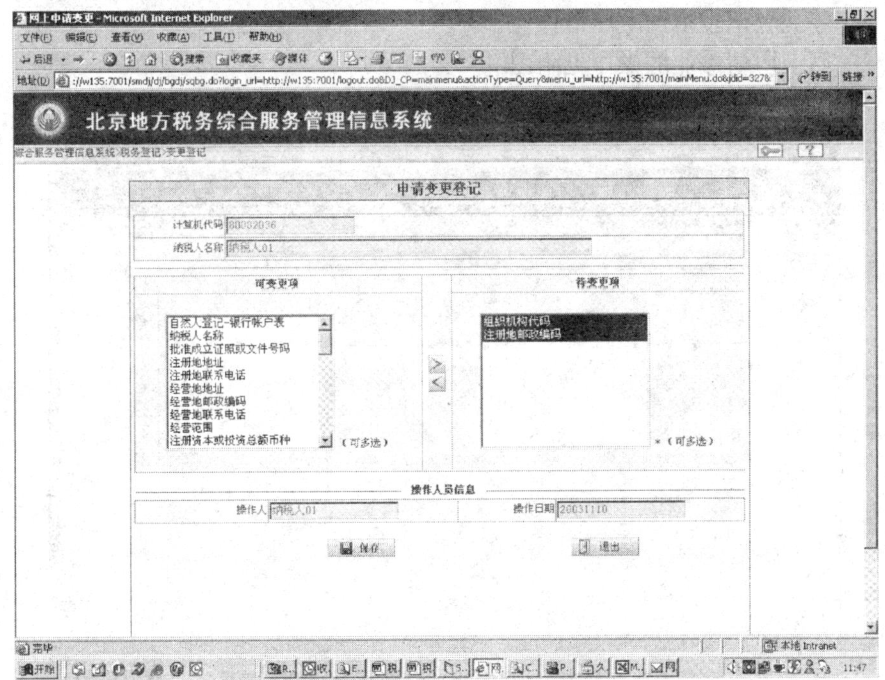

附图 8　申请变更登记界面

填表说明:

要实现对"可变更项"内容的多选,可通过按键盘上的 Shift 键来实现。

同样，要实现对“待变更项”内容的多选，也可以通过按 Shift 键实现。

按钮说明：

【>】：将在“可变更项”选中的内容增加到“待变更项”列表中。

【<】：删除“待变更项”下拉列表中选中的变更项。

操作步骤：

第一步：选择变更项。

第二步：点击【保存】。

（三）停复业税务登记

停复业税务登记的主要功能是，实行定期定额征收方式缴纳税款的纳税人在营业执照核准的经营期限内停业时，向基层申报受理管理部门提出停业申请。

停复业税务登记包括停业登记和复业登记两个功能模块见附图 8。

1. 停业登记

停业登记包括网上申请停业。

网上申请停业的操作见附图 9。

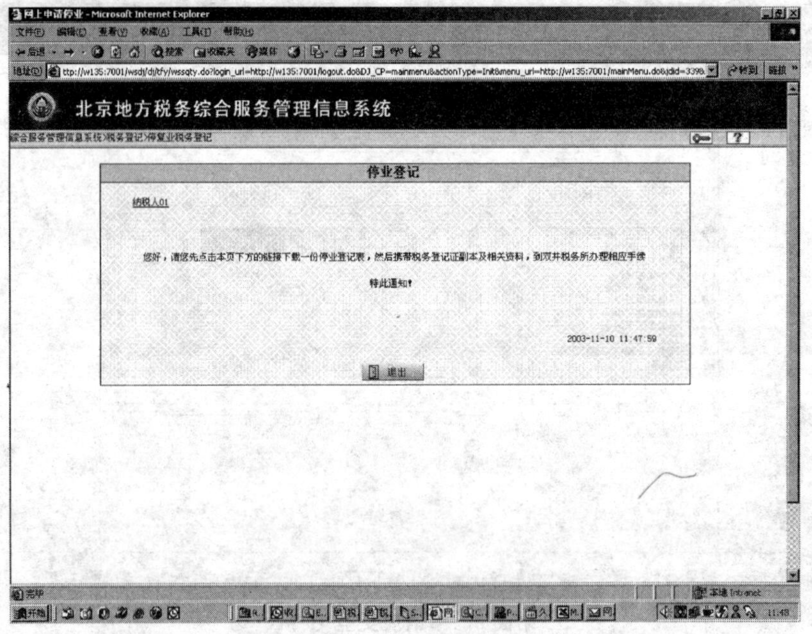

附图 9　停业登记界面

网上申请停业是指要求纳税人在网上下载停业登记表，然后携带相关资料到指定税务所办理停业手续。

按钮说明：

【退出】：返回功能清单界面。

2. 复业登记

复业登记包括网上申请复业和网上申请延期复业两个功能模块。

(1)网上申请复业的操作　复业登记界面见附图10。

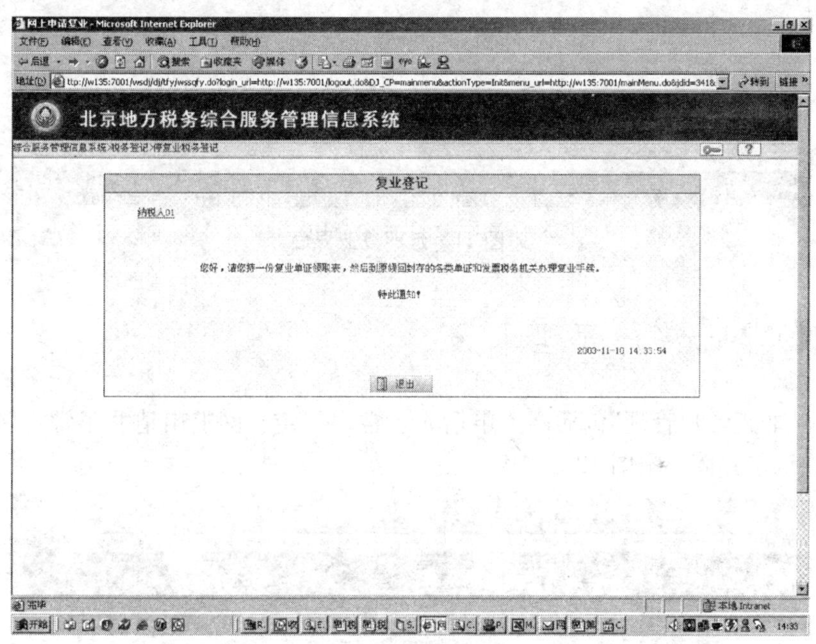

附图10　复业登记界面

网上申请复业是指要求纳税人持复业单证领取表到原领回封存的各类单证和发票税务机关办理复业手续。

(2)网上申请延期复业　延期复业界面见附图11。

网上申请延期复业是指提醒停业的纳税人，如果想延期复业，要在停业期满前十日内到原批准机关办理延期复业手续。

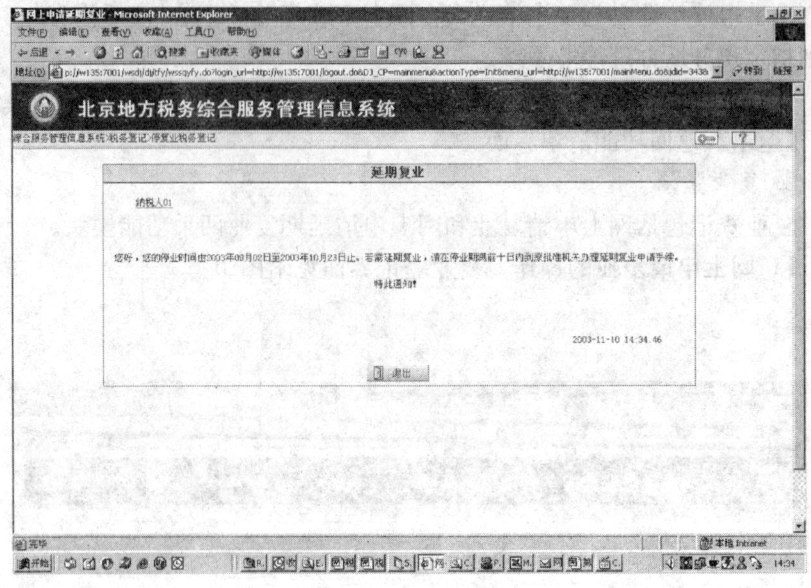

附图 11　延期复业界面

（四）非正常户管理

“非正常户管理”包括网上申请非正常户认定。网上申请非正常户转正常户认定界面见附图 12。

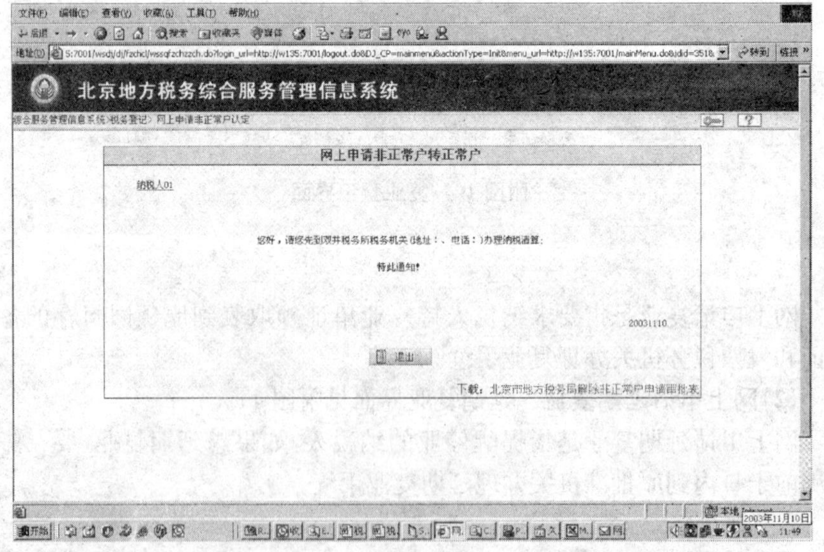

附图 12　网上申请非正常户转正常户界面

网上申请非正常户认定是要求非正常户纳税人到指定的税务机关办理纳税清算，从而转为正常户。

（五）注销税务登记

“注销税务登记”包括网上申请注销登记。网上申请注销税务登记界面见附图13。

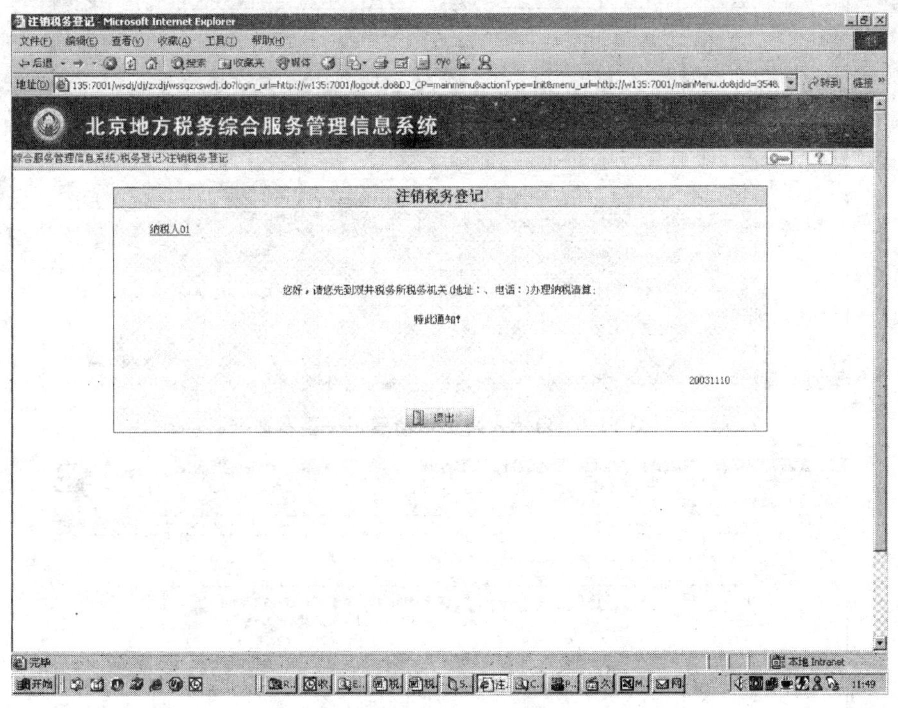

附图13　网上申请注销税务登记界面

注销税务登记是指要求纳税人要想注销税务登记，需先到指定税务机关办理纳税清算。

（六）自然人登记

自然人登记包括自然人网上申请登记、自然人网上变更、自然人网上申请注销、自然人网上申请重新登记等功能模块。

1. 自然人网上申请登记

自然人网上申请登记又包括基本信息、执业资格证书和银行账号信息三个功能模块。

(1)基本信息　自然人网上申请登记—基本数据界面见附图 14-1、附图 14-2。

自然人网上申请登记 - Microsoft Internet Explorer

文件(F) 编辑(E) 查看(V) 收藏(A) 工具(T) 帮助(H)

地址(D) /w135:7001/wsdj/dj/zrrdj/zrrwssqdj.do?login_url=http://w135:7001/logout.do&DJ_CP=mainmenu&actionType=Init&menu_url=http://w135:7001/mainMenu.do&jdid=357&

综合服务管理信息系统>税务登记>自然人网上申请登记

自然人网上申请登记—基本数据

基本信息　执业资格证书　银行帐号信息

身份证件类型	税务登记证	身份证件号码	北京市地税局	国家或地区	中国
纳税人姓名	张秋菱			性别	⊙男 ○女

基本信息

通讯地址					
邮编		手机		有效联系电话	
职业	记者		电子邮件信箱		
抵中国大陆日期			结税日期		
备注					

⊙表格式 ○卡片式

服务单位信息

序号	计算机代码	名称*	税务登记证号*	职位	工作电话	税款负担比例(%)	本人投资金额(万元)	所占比例(%)	分配比例(%)	备注

第一条　上一条　下一条　最末条　新增　删除

其他信息

执业资格证书	类型	律师证	证书编号	
	发证机关			
是否代理申报	☑	是否录入附表	☑	

代理信息

完毕　本地 Intranet　21:32

附图 14-1　自然人网上申请登记—基本数据

自然人网上申请登记 - Microsoft Internet Explorer

文件(F) 编辑(E) 查看(V) 收藏(A) 工具(T) 帮助(H)

地址(D) /w135:7001/wsdj/dj/zrrdj/zrrwssqdj.do?login_url=http://w135:7001/logout.do&DJ_CP=mainmenu&actionType=Init&menu_url=http://w135:7001/mainMenu.do&jdid=357&

⊙表格式 ○卡片式

服务单位信息

序号	计算机代码	名称*	税务登记证号*	职位	工作电话	税款负担比例(%)	本人投资金额(万元)	所占比例(%)	分配比例(%)	备注

第一条　上一条　下一条　最末条　新增　删除

其他信息

执业资格证书	类型	律师证	证书编号	
	发证机关			
是否代理申报	☑	是否录入附表	☑	

代理信息

名称					
身份证件类别	税务登记证	身份证件号码*			
固定电话		移动电话		联系电子信箱	

附表信息

是否常驻	☐	税款负担情况	单位负担	税款负担比例(%)	

序号	月工资收入	月工资收入币种	序号	扣除项目	扣除金额	扣除金额币种

新增　删除　新增　删除

申请人	张秋菱	申请日期	

保存　提交申请　退出

注 意 事 项

1、单位信息可以填写多条；
2、税款负担比例按以下方式填写：单位全额负担税款的填写100%；单位部分负担税款的填写实际负担比例；单位不负担税款的填写0；
3、点击"退出"按钮即可结束此项业务；

完毕　本地 Intranet　21:32

附图 14-2　自然人网上申请登记—基本数据

填表说明：

身份证件类型：下拉列表选择身份证件类型。

身份证件号码：输入身份证件号码。当身份证件类型为身份证时，长度为 15 位或 18 位；当身份证件类型为税务登记证时，长度为 18 位。

国家或地区：下拉列表选择国家或地区。

纳税人姓名：输入纳税人姓名。

性别：单选框。

主管税务机关：下拉列表选择主管税务机关。

计算机代码：系统自动生成。

抵中国大陆日期：输入抵中国大陆日期。

操作步骤：

第一步：选择证件类型、国家或地区，输入身份证件号码。

第二步：修改或选择各数据项的值。

第三步：点击【保存】，完成自然人网上基本信息登记。

(2)执业资格证书　自然人网上申请登记—执业资格证书信息界面见附图 15。

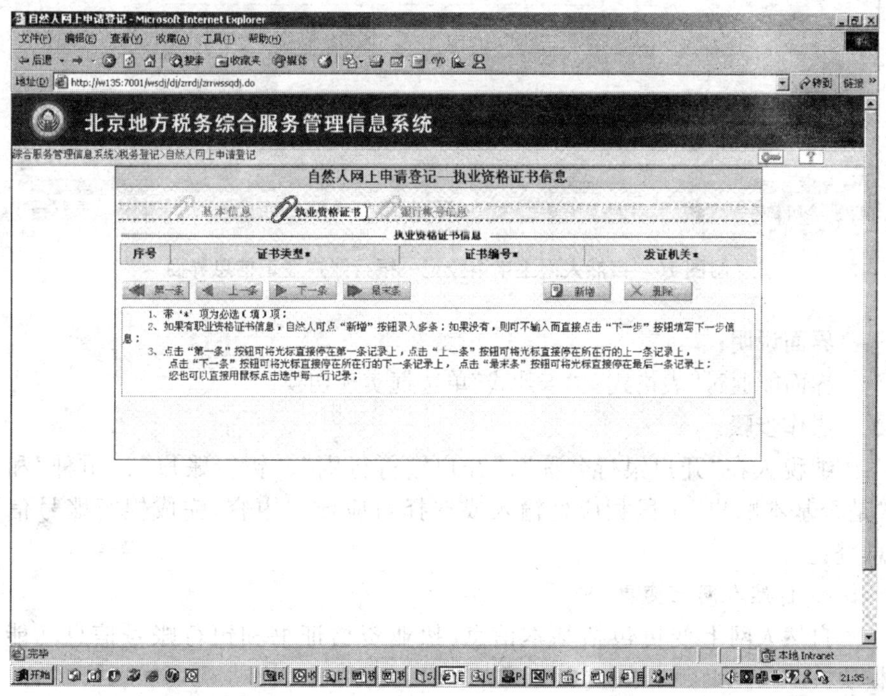

附图 15　自然人网上申请登记—执业资格证书信息界面

操作步骤：

输入或选择各数据项内容，完成执业资格证书登记。

(3)银行账号信息　自然人网上申请登记—银行账户登记信息界面见附图 16。

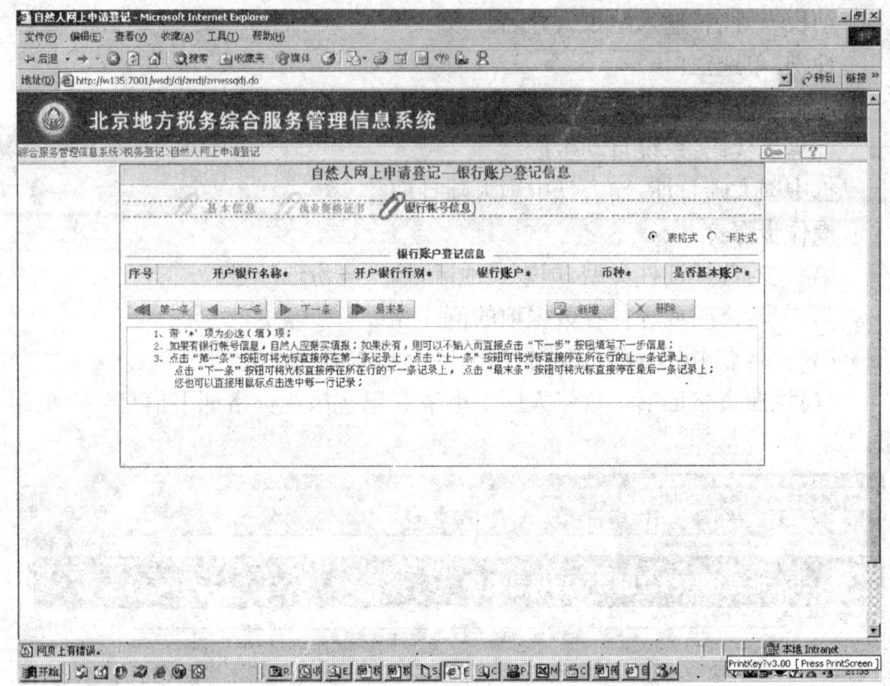

附图 16　自然人网上申请登记—银行账户登记信息界面

界面说明：

界面能通过"表格式"、"卡片式"单选框实现切换。

操作步骤：

纳税人在"开户银行名称"、"开户银行行别"、"银行账户"、"币种"和"是否基本账户"字段相应处输入或选择对应数据内容，完成银行账号信息登记。

2. 自然人网上变更

自然人网上变更包括基本信息、执业资格证书和银行账号信息功能模块。

(1)基本信息　自然人网上变更界面见附图 17。

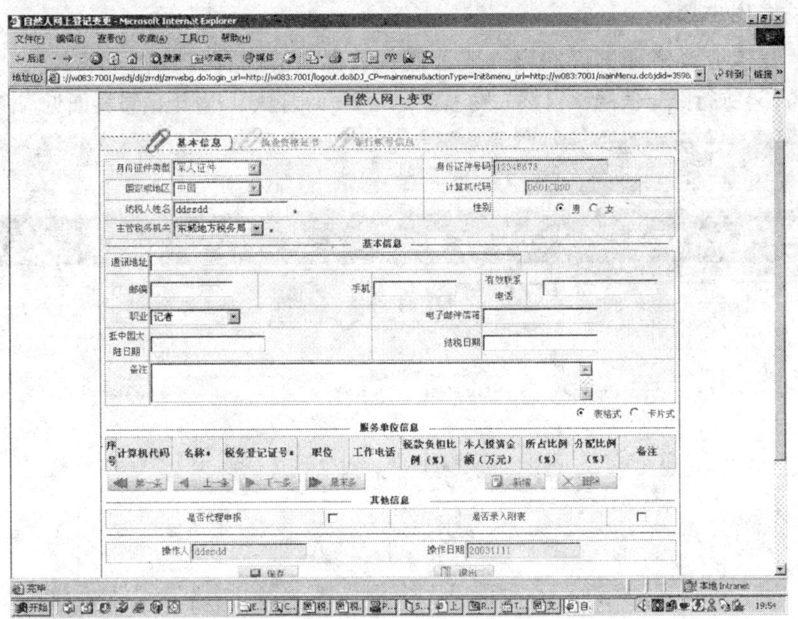

附图 17　自然人网上变更界面

操作步骤：

第一步：在自然人网上变更的基本信息界面修改或选择各数据项的值。

第二步：点击【保存】，完成对基本信息的网上变更。

(2) 执业资格证书　自然人网上登记变更—执业资格证书信息界面见附图 18。

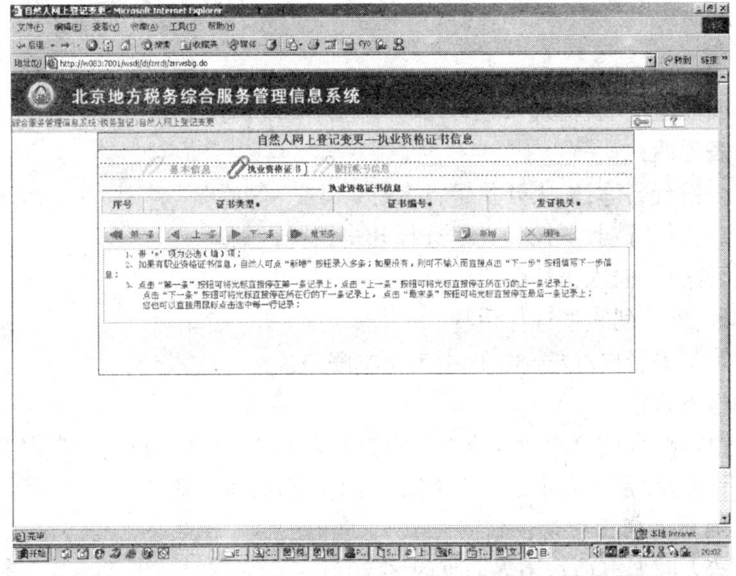

附图 18　自然人网上登记变更—执业资格证书信息界面

操作步骤：

在执业资格证书界面输入或选择各数据项的内容。

(3)银行账号信息　自然人网上登记变更—银行账户登记信息界面见附图 19。

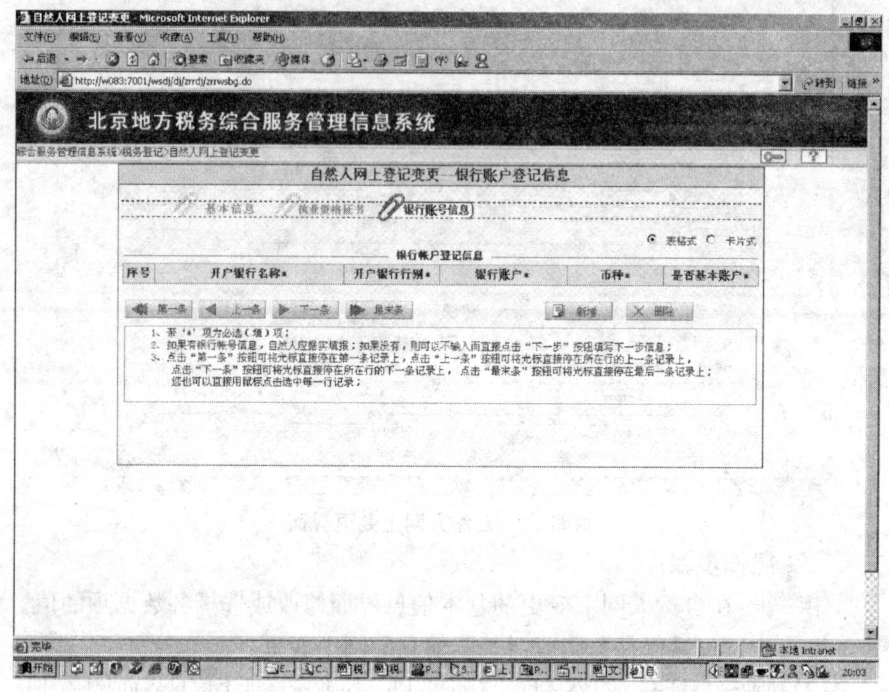

附图 19　自然人网上登记变更—银行账户登记信息界面

界面说明：

界面能通过"表格式"、"卡片式"单选框实现切换。

填表说明：

开户银行名称：输入开户银行名称。

开户银行行别：下拉列表框选择开户银行行别。

银行账户：输入银行账户。

币种：下拉列表框选择币种。

是否基本账户：单选框，选中为基本账户。

操作步骤：

在银行账号信息界面下的"开户银行名称"、"开户银行行别"、"银行账户"、"币种"及"是否基本账户"中输入或选择各数据项内容。

3. 自然人网上申请注销

自然人网上申请注销界面见附图 20。

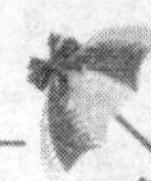

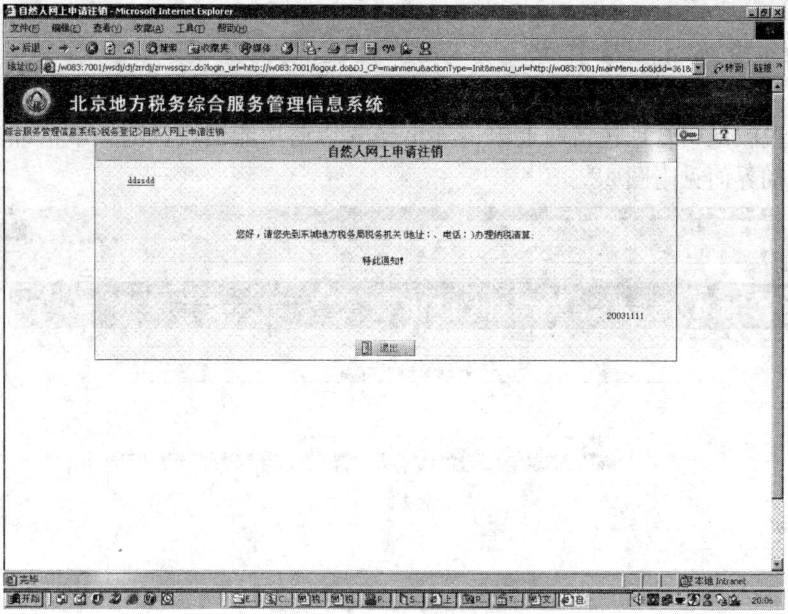

自然人网上申请注销 - Microsoft Internet Explorer
北京地方税务综合服务管理信息系统
综合服务管理信息系统>税务登记>自然人网上申请注销
自然人网上申请注销
ddzxdd
您好，请您先到东城地方税务局税务机关(地址：、电话：)办理纳税清算.
特此通知!
20031111
退出

附图 20　自然人网上申请注销界面

4. 自然人网上申请重新登记

自然人网上申请重新登记界面见附图 21。

自然人网上申请重新登记 - Microsoft Internet Explorer
北京地方税务综合服务管理信息系统
自然人网上申请重新登记
ddzxdd
您好，请您先到东城地方税务局税务机关(地址：、电话：)办理纳税清算.
特此通知!
20031111
退出

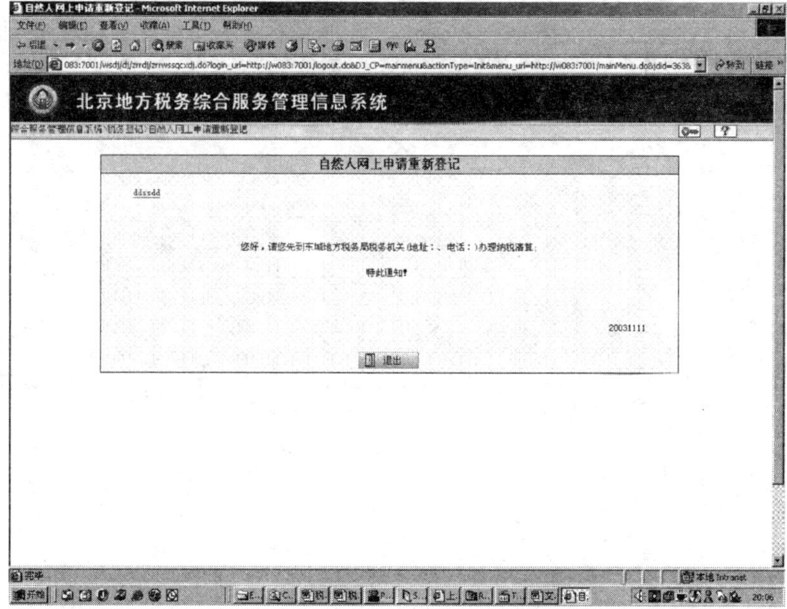

附图 21　自然人网上申请重新登记界面

（七）税收证明管理

税收证明管理包括网上申请外出经营活动功能模块。网上申请外出经营活动界面见附图 22。

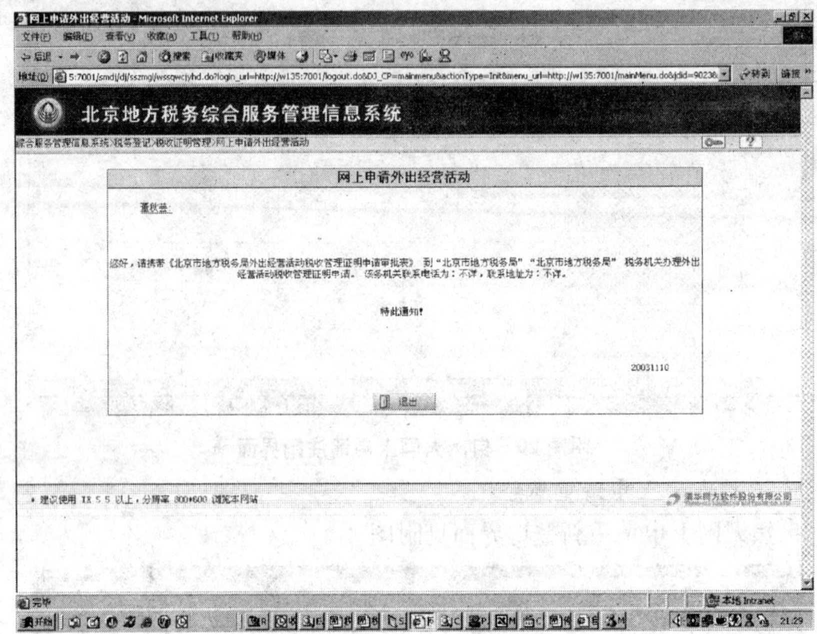

附图 22　网上申请外出经营活动界面

附录2　会计科目参照表

会计科目参照表见附表1。

附表1　会计科目参照表

顺序号	名　　称	顺序号	名　　称
	一、资产类		长期股权投资
	库存现金		长期股权投资减值准备
	银行存款		投资性房地产
	其他货币资金		长期应收款
	交易性金融资产		未实现融资收益
	应收票据		固定资产
	应收账款		累计折旧
	预付账款		固定资产减值准备
	应收股利		在建工程
	应收利息		工程物资
	其他应收款		固定资产清理
	坏账准备		无形资产
	代理业务资产		累计摊销
	材料采购		无形资产减值准备
	在途物资		商誉
	原材料		长期待摊费用
	材料成本差异		递延所得税资产
	库存商品		待处理财产损溢
	发出商品		二、负债类
	商品进销差价		短期借款
	委托加工物资		交易性金融负责
	周转材料		应付票据
	存货跌价准备		应付账款
	持有至到期投资		预收账款
	持有至到期投资减值准备		应付职工薪酬
	可供出售金融资产		应交税费

续附表1

顺序号	名　　称	顺序号	名　　称
	应付利息		库存股
	应付股利		五、成本类
	其他应付款		生产成本
	代理业务负责		制造费用
	预计负债		劳务成本
	递延收益		研发支出
	长期借款		六、损益类
	应付债券		主营业务收入
	长期应付款		其他业务收入
	未确认融资费用		公允价值变动损益
	专项应付款		投资收益
	递延所得税负债		主营外收入
	三、共同类		主营业务成本
	衍生工具		其他业务成本
	套期工具		营业税金及附加
	被套期项目		销售费用
	四、所有者权益类		管理费用
	实收资本		财务费用
	资本公积		资产减值损失
	盈余公积		营业外支出
	本年利润		所得税费用
	利润分配		以前年度损益调整

主要参考文献

[1] 于晓镭 徐兴恩. 新企业会计准则实务指南[M]. 北京:机械工业出版社,2007.

[2] 国家税务总局 . http://shiju. tax861. gov. cn/bjds/2010zqrl/20061109002. htm.

[3] 李宗民. 基础会计学[M]. 北京:清华大学出版社,2006.

[4] 财政部 . 企业会计准则——基本准则 财政部令第 33 号[EB]. [2006-04-11]. http://www. gov. cn.

[5] 财政部 . 企业会计准则第 1 号——存货等 38 项具体准则 财会[2006]3 号[EB]. 2006. 02. 15 http://www. mof. gov. cn.

[6] 财政部 . 企业会计准则——应用指南 财会[2006]18 号[EB]. [2006-10-10]. http://www. mof. gov. cn.

[7] 财政部 . 企业会计制度 财会[2006]25 号[EB]. [2006-02-15]. http://www. mof. gov. cn.

[8] 财政部 . 小企业会计制度 财会[2004]2 号[EB]. [2004-04-27]. http://www. mof. gov. cn.

[9] 吕芙蓉 史冬妹 . 企业与会计认知[M]. 北京:清华大学出版社,2001.

[10] 财政部会计资格评价中心 . 初级会计实务[M]. 北京:中国财政经济出版社,2012.

[11] 财政部会计资格评价中心 . 初级经济法实务[M]. 北京:中国财政经济出版社,2012.

[12] 刘雪清. 会计模拟实训[M]. 北京:中国财政经济出版社,2010.

[13] 全国注册税务师执业资格考试教材编写组 . 税务代理实务[M]. 北京:中国税务出版社,2011.

[14] 北京地方税务局网站 http://www. doc88. com/p-53741141345. html.

[15] 全国注册税务师执业资格考试教材编写组 . 税务相关法律[M]. 北京:中国税务出版社,2011.

[16] 张有峰. 电算化会计[M]. 北京:清华大学出版社,2011.

[17] 武新华等著. 财务软件应用实务[M]. 北京:清华大学出版社,2010.

[18] 中华会计网 http://www. canet. com. cn/.